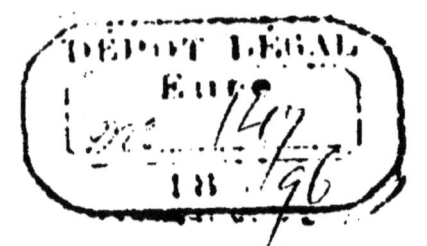

à conserver

MES SECRETS 2333

8º R
13742

OUVRAGES DE LA BARONNE STAFFE

Usages du Monde. — *Règles du savoir-vivre dans la Société moderne.* — 102e édition.
   Un volume in-18; relié toile anglaise. — **4 francs.**

Le Cabinet de Toilette. — 67e édition.
   Un volume in-18, relié toile anglaise. — **4 francs.**

La Maîtresse de Maison. — *L'Art de recevoir chez soi.* — 40e édition.
   Un volume in-18, relié toile anglaise. — **4 francs.**

La Correspondance dans toutes les circonstances de la vie. — 12e édition.
   Un volume in-18, relié toile anglaise. — **4 francs.**

Traditions Culinaires et *l'Art de manger toutes choses à table.* — 10e édition.
   Un volume in-18, relié toile anglaise. — **4 francs.**

Les Pierres précieuses et les Bijoux.
   Un volume in-16. — **2 francs.**

Agenda de la Baronne Staffe, *pour 1896.*
   Un volume in-4° écu, cartonné. — **3 fr. 50.**

En préparation :

La Femme dans la Famille.
   Un volume in-18, relié toile anglaise. — **4 francs.**

Tous droits de traduction et de reproduction réservés pour tous pays, y compris la Suède et la Norvège.

S'adresser, pour traiter, à l'éditeur G. HAVARD fils, 27, rue de Richelieu, Paris.

Mes Secrets

PAR

La Baronne STAFFE

PARIS
G. HAVARD FILS, ÉDITEUR
27, RUE DE RICHELIEU, 27

1896

PRÉFACE

La culture de la beauté.

« En se servant indifféremment des termes *beau* et *bon* pour exprimer la même chose, le Saint-Esprit n'a-t-il pas affirmé, dit la marquise de Blocqueville, que la beauté est *bonne*. »

La femme doit donc cultiver la beauté en elle, non pas pour les satisfactions que procurent le triomphe et la conquête, mais pour plaire à tous les yeux et pour donner du bonheur à celui qu'elle a élu pour lui confier sa vie.

Le beau fait penser à Dieu : en élevant, même pour un instant, la pensée de l'inconnu qu'elle rencontre et qu'elle ne reverra pas, la femme fait œuvre pieuse. Laquelle de nous, entrevoyant un tel but, ne souhaiterait être gracieuse et belle ?

Mais cette beauté physique, déjà si bienfaisante, n'a toute puissance que si elle est couronnée de beauté morale. Rien ne prouve mieux que le beau et le bien sont frères et qu'il faut tendre à la fois vers l'un et vers l'autre. Et pour établir une juste balance, nous dirons que la beauté morale doit s'accompagner de quelque beauté physique.

Belle et charmante la femme a plus de pouvoir sur l'homme, mais si elle n'emploie pas ce pouvoir pour le bien, pour faire œuvre de bonté elle ne le gardera pas longtemps. Elle doit, en conséquence, ambitionner les deux beautés, les conserver ou les acquérir au prix des plus grands efforts.

La beauté spirituelle, qui est la beauté d'expression, s'obtient en développant en soi la bienveillance et l'altruisme, les nobles et généreuses pensées ; en imprimant à son esprit une direction vers ce qui est vraiment grand, vraiment élevé.

Je ne viens pas dire qu'il faille regarder toujours les nues, sans jamais abaisser les yeux vers la terre. Pour devenir ou rester l'être adorable qu'on recherche en elle, la femme remplira, au contraire, tous ses devoirs, les plus humbles comme les plus hauts. La beauté morale n'est nullement au prix du dédain des obligations imposées par la nature, pas plus que la beauté physique n'est au prix de soins égoïstes, d'un amour absolu de sa personne.

La mère, la femme d'intérieur, la bonne ménagère peut être plus jolie que la mondaine qui ne vit que pour de puérils hommages ; plus spiritualisée que la savante ou l'artiste exclusivement occupée de science ou d'art.

La femme doit entretenir le culte de l'idéal, mais ce culte réside dans l'accomplissement de toutes ses fonctions, dans la poursuite du vrai et non de la chimère. En un mot, la femme a pour mission d'idéaliser le réel.

C'est sous ces traits seulement qu'on se représente la compagne véritable de l'homme, l'aide précieuse de l'époux, la mère majestueuse et douce.

La beauté physique demande des soins persévérants, dont nous avons déjà parlé ailleurs, mais nous avions d'autres conseils à donner encore dans cet ordre d'idées.

Quoiqu'elle ne puisse exister seule, ou quoique seule, elle soit incapable de donner les profondes joies rêvées par l'humanité, il ne faut pas la dédaigner cette beauté physique, que l'art de Phidias a divinisée, que l'art du moyen âge a méconnue. La sombre époque, qui embrasse dix siècles, n'a entrevu qu'un des côtés de l'être humain, mais Phidias non plus n'a vu qu'une de ses faces, peut-être. L'homme est double, son corps et son âme sont étroitement unis, au moins pendant toute la durée du voyage terrestre.

L'antiquité n'a peut-être pas assez fait resplendir l'une au travers de l'autre, le moyen âge n'a pas rendu l'habitation digne de l'habitante.

Nous voulons plus qu'à l'une et à l'autre de ces époques de l'histoire : la beauté plastique ne nous séduirait plus entièrement, si elle enveloppait la laideur ou l'insignifiance morale ; nous souhaitons aussi que la laideur ou l'insignifiance physique ne nous voile plus la beauté immatérielle.

La femme — et à son exemple, l'homme... ne l'a-t-elle pas toujours entraîné ? — la femme ne négligera donc rien de ce qui peut lui permettre d'acquérir, de conserver, ou d'augmenter en elle la beauté complète, c'est-à-dire les deux beautés.

Elle peut arriver à ce but sans consommer aucun sacrifice injuste, car elle n'a pas en vue une esthétique égoïste. Certes, elle veut la beauté pour elle-même, puisque l'humanité est faite à l'image de Dieu et qu'elle doit respecter cette image, mais elle a surtout le désir de donner de la joie à autrui.

Elle sait bien qu'elle peut entrer dans un cœur par le regard qui se pose sur elle, aussi va-t-elle veiller sur la grâce de son geste et sur la chasteté de son maintien. Mais elle sait encore qu'elle ne se maintiendra dans ce cœur qu'à la condition d'y répandre sa sympathie et sa bonté, et elle surveillera sa pensée et sa parole.

Une pensée pure fait rayonner le front. La parole sert à manifester l'âme : la parole de la femme doit être sensée, comme il convient à un être doué du don magnifique de la raison, et douce comme la tendresse ; elle doit être châtiée pour annoncer des goûts d'intellectualité et de méditation.

Alors, le geste harmonieux, le maintien digne et gracieux, la beauté des traits révèlent l'élévation du caractère, la noblesse du cœur,... viennent de là.

Mais parfois aussi, l'être parfaitement beau physiquement aura voulu ajouter aux dons qu'il possédait les qualités morales, sans lesquelles sa puissance est vulnérable. Alors, la parole sans défaut et la pensée sans tache seront nées de la beauté plastique?

N'avons-nous pas dit qu'il faut toujours que l'une des beautés complète l'autre, pour former cet ensemble qu'on retrouve dans toute l'œuvre divine.

Villa Aimée, 30 avril 1896.

PREMIÈRE PARTIE

POUR PLAIRE

MES SECRETS

LA PERSONNE PHYSIQUE

Je crois très fermement qu'il est en notre pouvoir de corriger, en nous, l'œuvre de la nature quand elle est défectueuse. Je crois qu'il nous est très facile, au moyen de quelques soins et d'une surveillance assidue, de conserver la beauté lorsqu'elle nous a été départie.

Nous perdons presque toujours la beauté par notre faute ; nous ignorons trop souvent le moyen de la reconquérir et encore plus de la faire naître.

Nous ne savons pas qu'il faut, avant toute chose et sans cesse, combattre la matière, — même avant qu'elle signale son envahissement par un surcroît de chair, — en bataillant contre deux défauts du genre abrutissant, la gourmandise et la paresse.

Quant à la dignité et à la grâce du maintien, à la noblesse des attitudes et du corps, à la perfection de la structure, nous les perdons par défaut de vigilance.

C'est aussi pour avoir négligé notre santé que nous laissons atteindre la beauté de nos traits, de notre carnation, du corps tout entier, du reste. Il fallait, au contraire, noter la moindre altération dans l'économie pour remédier au mal immédiatement et soigneusement. Un organe est-il attaqué, le visage va refléter des souffrances, qui sont encore à l'état latent : les yeux, le teint révéleront ce qui se passe à l'intérieur de notre être, les ravages cachés viendront s'inscrire sur notre front jauni.

Les passions, elles aussi, la colère, par exemple, et tous ses diminutifs : l'impatience, l'énervement, la vivacité, l'excitabilité, *créent* une laideur qui n'existait pas. — Les habitudes irrégulières, la vie compliquée conspirent encore contre la beauté.

Il faudrait à l'homme, encore plus à la femme, une vie simple et soumise à la règle. Nous développerons ces idées.

Je ne pense pas à la seule beauté sculpturale, grecque ou romaine, mais je dirai d'abord comment on peut « forger » son corps aussi bien que son âme ; atténuer ses laideurs, faire épanouir ses beautés.

Je n'insisterai pas auprès de celles qui me lisent pour leur faire essayer les mille et une inventions destinées à modifier la forme du nez, à produire des fossettes, à remédier à l'irrégularité de la face, des lèvres, à retrouver une symétrie dont la nature n'a pas eu souci ou qui a été accidentellement détruite.

La plupart de mes lectrices ne croiraient pas la chose possible, la trouveraient trop difficile à exécuter, ou trop pénible, ou trop coûteuse, pas encore assez répandue hors des Amériques; demandant trop de temps, un temps qu'elles veulent employer à des soins plus généreux.

Je leur livrerai donc seulement des secrets pratiques pour améliorer les lignes du corps, pour donner un peu de beauté au visage le plus ordinaire. Nul ne peut être indifférent à l'apparence qu'il offre aux regards. Il est légitime de vouloir plaire aux yeux de ceux que nous aimons, qui nous aiment et même nous l'avons dit, aux yeux des inconnus. C'est un de nos devoirs de chercher à offrir un aspect agréable, élégant et gracieux, pour faire naître le bienfaisant état d'âme que procure la vue du beau.

Le vêtement est bien pour quelque chose dans cet aspect que nous recherchons. Il faut apprendre à le choisir, et à le porter, à ne pas se laisser imposer celui qui dénature la forme humaine ou la dévoile avec trop de hardiesse. La toilette, l'art de s'habiller, ne pouvait être oublié en ce livre où la femme doit trouver des secrets de beauté.

LA SANTÉ

Le prix de la santé.

Il est bon qu'on sache que les hommes s'ennuient auprès des femmes dolentes et maladives. Ils ne sont pas faits, non même les meilleurs, pour donner des soins, mais pour s'en laisser entourer, par leur mère d'abord, plus tard par la compagne qu'ils se sont choisie. La nature ne leur a pas confié la mission de consoler la femme, tandis que celle-ci paraît avoir été créée pour rasséréner et réconforter l'âme masculine.

Pour atteindre le but fixé à son existence, la force que donne la santé est indispensable à la femme. Affaiblie par le mal, clouée sur son lit ou sur sa chaise longue, elle est bien obligée d'abandonner à d'autres mains le gouvernement du *home*. Elle ne peut plus faire de sa maison un doux paradis où celui qu'elle aime revenait s'abriter, après avoir subi les orages de la vie ; elle ne peut plus l'y attendre avec ce sourire qui était le soleil de leur intérieur, le délassement de cet homme après les luttes, la joie qui lui faisait oublier les déboires et les iniquités.

Beaucoup de maris s'éloignent alors du foyer attristé, à la recherche d'un bonheur disparu... qu'ils ne retrouveront pas, dont ils devaient attendre le retour, là où ils l'avaient connu.

Mais ceci montre à la femme de quelle importance sont, pour elle, la santé et la vigueur.

Et puis, ne lui faut-il pas charmer toujours le regard de l'homme dont elle est aimée ? Or, au moindre trouble de la santé, la beauté s'altère. C'est un devoir pour la femme d'être belle, la coquetterie qu'on doit lui inspirer n'est pas seulement permise, elle est ordonnée : il lui faut plaire non seulement aux yeux du père de ses enfants, mais encore aux yeux de ses enfants eux-mêmes, de tous ceux qui l'entourent et qui l'approchent.

Elle mettra donc tout en œuvre pour conserver ce don si précieux de beauté que Dieu lui a fait, et, en conséquence, elle ne négligera pas sa santé, la santé qui lui permet de se servir des puissances de dévouement qui sont en elle. N'est-il pas bien inutile d'ajouter que la femme qui prend des airs languissants et parle toujours de la délicatesse, de la faiblesse de sa constitution, dans l'idée de se rendre intéressante, fait absolument fausse route ? Elle lasse ceux qui croyaient trouver en elle le relèvement de leur courage et l'oubli de leurs préoccupations.

L'art de souffrir.

Il arrive qu'une femme ne puisse pas toujours détourner la maladie et qu'elle voie son corps se miner sous l'action d'une souffrance chronique, en dépit de ses efforts intelligents et des soins qu'elle a pris pour conserver sa santé.

Mais, alors, elle peut encore retenir son mari auprès de son lit de douleurs, rester la bien-aimée, toujours belle et bonne malgré les ravages du mal.

C'est à la condition qu'elle souffre avec patience, avec cet héroïsme qui est au pouvoir de la femme. Grâce à son énergie, elle peut maintenir tout son charme et jusqu'à sa puissance de séduction.

Les plaintes, les lamentations ne servent pas à grand'chose. Elle fermera ses lèvres pour retenir cris et gémissements. Elle essaiera, au contraire, de sourire, ce qui donnera un grand air de douceur à son pâle visage ; elle réprimera ou dissimulera de son mieux les crispations de sa face. La sérénité voulue de ses traits pourra tromper sur son martyre, l'homme qui s'affole, ne sait que faire et devenir en face d'une femme que la douleur tenaille.

Sur son lit ou sur sa chaise longue, elle ne devra pas oublier le soin de sa personne. Il est, du reste, bon qu'un malade ne se néglige pas. Elle voudra rester agréable aux yeux aimés, et elle y parviendra certainement. Les efforts qu'elle fera pour être jolie quand même la rendront plus touchante.

Et, surtout, elle surmontera ses impatiences : on devient facilement injuste sous l'empire du mal, mais si on s'est laissée aller à prendre un ton dur ou irrité, à faire des reproches immérités, il faut reconnaître son tort et dire ses regrets.

Beaucoup de femmes, qui placent au-dessus de tout le besoin de plaire, d'être aimées, de donner du bonheur, savent demeurer aimables et douces jusque dans les tortures de la maladie, jusqu'en face de la mort. Celles-là ne sont pas égoïstes, elles ne s'absorbent pas en elles-mêmes. Elles s'inquiètent de savoir si ceux dont elles avaient charge, avant que le mal les aient terrassées, jouissent du bien-être auquel elles les avaient habitués. Elles ne veulent pas qu'on se fatigue inutilement autour d'elles. Elles n'ont pas plus d'exigences qu'autrefois, elles témoignent encore de leur dévouement comme elles peuvent et savent toujours exprimer leur tendresse.

1.

Si une femme gravement atteinte peut et doit continuer encore son rôle d'abnégation, est-il besoin de dire que celle qui n'éprouve que des malaises dissimulera ces indispositions légères, ne geindra pas pour si peu de chose, ne se fera pas plaindre, soigner, dorloter.

Encore bien moins, renoncera-t-elle à la coquetterie nécessaire, qui ne doit abandonner la femme qu'avec le dernier souffle. Elle peut s'habiller d'un peignoir, mais ce peignoir sera frais, ses cheveux seront peignés et même arrangés avec goût. Se laisser aller, s'enlaidir ne procurerait aucun soulagement, augmenterait même peut-être le mal. On vainc plus aisément ce qu'on méprise.

Il est sans doute superflu d'ajouter qu'une femme doit surmonter la mauvaise humeur que détermine, chez quelques-unes, un mal de tête, une douleur névralgique ou quelque autre petit accident de ce genre. Pourquoi prendre un air bourru, désagréable? Ce n'est pas la faute de ceux qui nous entourent si nous souffrons, pourquoi les rendre responsables, vouloir qu'ils paient, pour ainsi dire, l'état de bien-être où ils se trouvent?

Ce qui est encore à éviter, ce sont ces grimaces, ces contorsions de la face, qui effraient les uns, sont un spectacle pénible pour les autres et défigurent la malade, sans diminuer le moins du monde sa souffrance.

L'art de souffrir consiste à ne pas devenir indifférente à sa beauté, à conserver toute sa grâce et toute sa bonté.

L'air pur.

L'air pur, le grand air est absolument nécessaire à nos poumons.

Il est donc très salutaire d'aller le respirer dans les champs aussi souvent qu'on le peut, ou, à défaut des champs, dans les grands jardins publics, là où il est chargé de parfums bienfaisants.

Il est indispensable de lui donner accès dans la maison et de permettre également au soleil d'entrer librement par les fenêtres grandes ouvertes. Toute pièce où l'on vit doit être aérée et ensoleillée si l'exposition s'y prête, — une heure *au moins* chaque jour, beaucoup plus longtemps, s'il est possible. L'air, la provision d'oxygène doit être renouvelée tous les matins, même par les temps les plus rudes. Pendant l'été on ferait bien de ne jamais fermer les fenêtres, mais on assure qu'il faudrait alors dormir avec un léger bandeau sur les yeux.

A leur sortie de l'école, où ils ont respiré un air forcément vicié par cette agglomération de jeunes êtres dans un espace restreint, on promènera un peu les enfants pour leur faire boire de l'air pur et débarrasser leurs poumons de l'acide carbonique absorbé pendant les heures d'étude et qui peut causer des ravages dans ces petites poitrines.

On s'étonne que tant de jeunes filles ou de jeunes femmes deviennent anémiques, dans les classes riches où les conditions de l'hygiène sont meilleures, semble-t-il, que dans les classes moyennes ou pauvres. On oublie que ces jeunes filles et ces jeunes femmes passent de longues heures au bal et au théâtre, dans un air empoisonné qui produit une lente asphyxie. De là résulte l'appauvrissement du sang et les teints pâles ; la perte des forces et cette langueur que la jeunesse ne devrait pas connaître.

Les ablutions et la propreté.

L'extrême propreté de la peau est une condition *sine qua non* de santé.

L'ablution journalière totale est extrêmement bienfaisante, parce qu'elle ouvre tous nos pores et que les impuretés du sang sont expulsées par les pores. Si ces pores étaient fermés les impuretés resteraient forcément dans les milliers de vaisseaux qui sont à la surface de l'épiderme, — où notre œil ne les aperçoit pas.

Le nettoyage imparfait de la peau lui fait perdre toute transparence et ce manque de soin impardonnable est souvent la seule cause de ces teints brouillés, contre lesquels on use, sans succès, tous les cosmétiques connus.

Les organes souffrent aussi quand on ne leur procure qu'une élimination incomplète des principes qu'ils doivent rejeter par la peau. Le foie, entre autres, a peine à accomplir ses fonctions.

Pour bien l'aider à faire son office, il faut, en outre de l'ablution quotidienne, faire encore subir au corps un grand lavage hebdomadaire à l'eau chaude et au savon et donner ensuite un bon rinçage à la peau. La nuque devrait recevoir ce traitement journellement.

L'organe qui sécrète la bile la dépose sous l'épiderme dans certains états de santé. Si nous ouvrons les pores, nous donnons passage à cette bile et elle ne s'accumule pas au point de former ces tons jaunes, ces tons d'ocre, dont se recouvre le visage et qui désolent si justement les femmes. Facilitons le travail du foie, et il ne fera pas de ces dépôts désastreux pour le teint.

Les médecins conseillent aux névralgiques et aux

rhumatisants d'additionner d'un peu d'essence de térébenthine l'eau de leurs bains, ou des ablutions dans le tub. Celles-ci leur valent mieux que les bains, dans lesquels personne ne doit rester longtemps, d'ailleurs parce qu'ils affaiblissent.

La santé est également liée à la propreté rigoureuse des vêtements. Les vêtements intimes, fréquemment changés doivent être taillés dans des tissus qui supportent la lessive détersive. Les vêtements dits de dessus, qu'on ne lave pas, doivent être souvent exposés à l'air, au soleil, retournés à l'envers.

La santé est encore intéressée à l'exquise propreté des maisons. Les nettoyages fréquents détruisent les miasmes et les émanations fâcheuses, empêchent la poussière, nuisible à l'organisme, de s'accumuler, enlèvent toutes les souillures qui ont des effets plus ou moins malfaisants.

Le sommeil.

Un poète anglais appelle le sommeil « père des fraîches pensées et de la santé joyeuse ».

Cervantès a dit : « Que la bénédiction brille sur celui qui, le premier, inventa le sommeil ; le sommeil qui couvre comme d'un manteau et l'homme et ses pensées; le sommeil qui est repas pour l'affamé, eau pour l'altéré, chaleur pour celui qui souffre du froid, fraîcheur pour celui qui souffre du chaud. »

Le sommeil est le grand réparateur des forces, il est donc très nécessaire de bien dormir pour se bien porter, pour être fraîche et reposée.

On doit dormir à des heures régulières et à celles que la nature a fixées pour le repos.

Huit heures de sommeil suffisent aux êtres les plus faibles, — je ne parle pas des enfants, — à ceux qui emploient le plus leurs forces. Et, même, une femme qui se coucherait à dix heures et se lèverait à cinq, serait encore dans des conditions excellentes pour rester belle longtemps et pour avoir une bonne santé. Rien n'est salutaire et bienfaisant comme le sommeil, mais pourvu qu'il ne soit pas prolongé au-delà du besoin de repos.

Il faut craindre l'insomnie et mettre tout en œuvre pour l'éviter ou s'en guérir. C'est un mal terrible et difficile à vaincre, combattons-le dès son apparition.

Les gens très agités, les nerveux, les personnes qui travaillent outre mesure, fatiguant trop leur corps ou leur cerveau, en sont souvent affligés. Une vie plus calme, un séjour à la campagne, la modétion dans le travail sont des remèdes tout indiqués pour retrouver le sommeil perdu par les causes énumérées. Malheureusement ces remèdes ne sont pas à la portée de tous.

Les bains d'eau chaude salée (ou les ablutions dans le tub) avant de se mettre au lit, déterminent souvent un bon sommeil qui peut redevenir habituel après un mois de traitement. Une friction à l'alcool, après le bain ou l'ablution, peut contribuer encore à la détente du corps.

Un médecin assure que l'insomnie provient parfois de l'indigestion ou de la mauvaise digestion. Il ordonne, en ce cas, une tasse d'eau chaude aromatisée après chaque repas... et ses malades dorment.

Un autre voudrait qu'on occupât agréablement son esprit avant de se livrer au repos, qu'on passât une heure en compagnie aimable et chère, etc. Cette prescription n'est pas facile à exécuter pour les solitaires ou pour ceux qui, la journée terminée, repassent en leur esprit les ennuis qu'elle a apportés, les erreurs qu'ils ont pu commettre.

Un peu de nourriture (un biscuit trempé dans un verre de vin de Malaga) agit efficacement sur quelques tempéraments.

La température de la chambre où l'on dort a son importance. Trop élevée, elle s'oppose à un complet repos ; trop basse elle tient certaines personnes éveillées. On choisira donc une température modérée, après avoir bien aéré la pièce dans la journée et avoir exposé à l'air toutes les parties du lit sur lequel on repose.

Les préoccupations et les inquiétudes causent l'insomnie. Tâchons de refréner une imagination trop vive qui peut nous créer des soucis sans fondement ; tâchons aussi de ne pas troubler notre vie par des actes inconsidérés qui nous jetteraient dans la crainte et les angoisses, pour n'avoir pas assez réfléchi avant d'agir ou de parler.

Quand le cerveau travaille pendant la nuit, le sommeil ne peut approcher. Il faut essayer de ne plus penser, puis, nous tournant sur le côté droit, la tête un peu inclinée, nous laisser aller à l'étreinte du rafraîchissant sommeil.

C'est indispensable pour être prêt, le lendemain, à opposer dans la lutte journalière, la résistance à laquelle nous obligent les attaques incessantes. Il faut que nous les oubliions pendant quelques heures chaque nuit dans les bras du sommeil, — où il est si doux de *sentir* qu'on va « tomber », après des heures douloureuses ou des fatigues écrasantes.

La gourmandise.

Tous les défauts sont laids, mais il en est de plus dégradants les uns que les autres. La gourmandise est un de ceux qui nous enlisent encore un peu plus dans la matière d'où nous devons au contraire tendre à nous dégager, — et, pour cette raison, mérite l'épithète d'ignoble que beaucoup de gens lui infligent.

N'est-il pas honteux de vivre pour manger ? Eh bien ! c'est le cas de trop d'êtres humains qui oublient qu'on ne doit manger que pour vivre.

Il y a deux catégories de gourmands : les gloutons et les friands. Ceux à qui il faut une quantité de nourriture au-dessus du nécessaire ; ceux qui exigent des aliments choisis, délicats, délectables, sans pouvoir se réduire à des mets simples et ordinaires. Les premiers dégoûtent les amoureux du Beau, les esthètes ; devant le simple penseur, les seconds n'attentent presque pas moins à leur dignité d'hommes.

Emplir son estomac de nourriture à tel point qu'on provoque en soi le malaise, l'engourdissement de la pensée, l'abrutissement, voilà une faute contre la raison qui ravale au degré de *certains* animaux, le plus grand nombre des bêtes, en effet, ne désobéissant pas à l'instinct et s'arrêtant de manger quand leur appétit est satisfait.

Les vieilles civilités puériles et honnêtes recommandaient de se retirer de table poli envers soi-même, c'est-à-dire avec l'esprit lucide et l'estomac léger : la faim et la soif apaisées. L'homme dont la respiration est gênée et la tête troublée après un repas tombe au-dessous du rang que Dieu lui a donné dans la création. L'ivrogne et le glouton sont des êtres repoussants.

Le friand n'est guère plus recommandable ; il n'excite pas la nausée, on peut vivre à ses côtés, mais comme la forme de sa gourmandise indique son égoïsme, l'amour de son *moi* chéri. Ces recherches infinies pour cette partie assez négligeable du bien-être, ces dépenses sans cesse renouvelées pour satisfaire des goûts en vérité peu élevés, sont de celles qu'il faut absolument proscrire de la vie.

Je n'entends pas faire le procès à de prétendus goinfres (pardon !) qui ne sont que de pauvres gens atteints d'une maladie qu'on appelle la boulimie, ni à des valétudinaires dont l'alimentation doit être délicate. Je m'indigne contre les gens bien portants qui, — je le dirai avec l'énergie de l'expression populaire, — font un dieu de leur ventre.

Ces gens-là pèchent contre l'élégance, le savoir-vivre, l'économie et souvent aussi contre la générosité.

La sobriété est une vertu d'homme chic au moral et au physique ; d'homme (ou de femme bien entendu) qui lutte contre les défauts bas et vils ; qui tient justement à conserver à son corps sa structure naturelle, à ne pas se déformer par l'obésité, laquelle est souvent la punition de la gourmandise. La sobriété est aussi la vertu de l'homme qui, simplement, sait vivre, comprend qu'on ne peut obtenir l'estime des autres, — estime indispensable au bonheur, — qu'en refrénant ses vices sans se lasser.

La sobriété est la qualité des gens économes, qui ont deviné que « petite cuisine fait grande maison ». Les dépenses pour la table, qu'il faut renouveler souvent afin de satisfaire aux besoins du corps, si elles sont excessives, si elles vont au delà du nécessaire, amènent la gêne dans la maison, y introduisent parfois la ruine. N'y a-t-il pas de quoi rougir lorsqu'on a, — au propre terme, — *mangé* son bien... parfois celui d'autrui ? Enfin si, en se refusant un gâteau dont l'estomac n'avait que faire, on pouvait mettre un petit pain dans la main d'un pauvre, n'est-on pas coupable de se l'être accordé ?

Remarquez que je ne demande pas qu'on se nourrisse de pain et d'eau claire. Ce serait mal entendre ce que je veux dire. Non, je souhaite seulement qu'on respecte son estomac en ne lui faisant absorber que ce qu'il peut supporter ; qu'on ne noie jamais son cerveau — le noble cerveau humain ! — dans les vapeurs de l'ivresse ; qu'on règle sa chère sur ses moyens ; qu'on sache se contenter de plats sains et simples, ce qui n'empêche pas de les bien préparer ; qu'on mette une certaine et charmante coquetterie à être sobre.

L'élégance, la beauté, la santé et souvent la fortune sont à ce prix. Résistons donc aux incitations de l'abject démon de la gourmandise. Ne soyons ni glouton ni friand ; mettons un de nos points d'honneur à mépriser la table, la bonne chère... ce qui n'est pas conseillé pour autoriser les femmes à négliger la confection des simples repas préconisés : les plats doivent être bien préparés pour être profitables et pour nourrir suffisamment le corps.

Comment il faut se nourrir.

Les Américaines, qui ont des « écoles de beauté » — ce dont je ne les blâme pas, — auraient dû commencer par réformer leur alimentation.

Les deux sexes, aux États-Unis, font un grand abus des bonbons... du *candy*, comme ils disent là-bas, pour désigner, d'un terme générique, toutes les délicates préparations des confiseurs.

Hommes et femmes de tous âges en ont constamment dans la bouche et plein leurs poches à l'instar de Henri IV, qui aimait à les distribuer autour de lui.

Il n'est pas rare de rencontrer des gentlemen, à l'allure énergique, et barbus comme des sapeurs, avec un sucre d'orge entre les lèvres au lieu d'un cigare. Ils sucent aussi gravement le *candy*, que les hommes de chez nous lancent la bouffée de tabac.

Mais encore les hommes combattent-ils cet excès par un autre, celui des liqueurs fortes, tandis que les femmes, qui ne boivent que de l'eau, — de l'eau glacée!! — vont tout droit à la dyspepsie. Leur goût pour les crèmes, glacées également, achève de dépraver leur digestion. Avec cela, elles mangent le pain tout chaud, à la sortie du four, des gâteaux bouillants. Étonnez-vous que l'estomac se venge du déplorable régime qu'on lui impose, en faisant perdre au teint toute fraîcheur, au visage toute jeunesse, à la chevelure toute nourriture... Le genre d'alimentation n'est pas étranger à cette calvitie précoce qu'on remarque chez les Américaines : elles ont la tête toute blanche avant trente ans.

La Patti, qui a pourtant la faiblesse de se servir des cosmétiques new-yorkais, n'a pas adopté le régime diététique des femmes du Nouveau-Monde. Elle a des ménagements extrêmes pour l'organe de la digestion, parce qu'elle sait bien que, si on le traite légèrement, on ne peut plus prétendre à la beauté.

Sa manière de se nourrir témoigne d'une grande raison et d'une grande fermeté.

Elle prend son premier repas immédiatement après son bain, et il se compose de soupe claire et d'un légume. On remplace parfois le légume par un œuf à la coque et des fruits.

La Patti adore tous les fruits, mais comme on lui a persuadé que le raisin, les pommes et les prunes sont les seuls qui lui conviennent, elle a exclu courageusement tous les autres de ses menus.

Dans l'après-midi, lunch encore léger : bouillon, huîtres ou poisson frais, salade, légumes verts, plat au lait. Le repas se termine par une tasse de coca ou un verre de vin de Champagne. Jamais la cantatrice n'avale une goutte de vin rouge, qu'elle déclare funeste au teint. Elle ne touche non plus ni aux sauces, ni aux mets épicés ; elle ne mange pas de pain et ne boit pas d'eau : selon elle, le premier produit la dyspepsie, l'autre le rhumatisme.

A sept heures, souper composé d'un potage, de bœuf et de légumes de saison. Jamais de glaces ; cette fois c'est la cantatrice qui réprouve ce mets dangereux pour la voix. L'entremets de ce souper est toujours demandé à une chatterie de digestion facile : riz sucré, fromage à la crème ou tout autre plat analogue ; pas d'autre dessert.

Cette absence complète de gourmandise a valu à

Mme Patti une étonnante apparence de jeunesse. Ses yeux sont restés brillants, son teint clair; sa taille est encore svelte et sa tournure vive.

Ce sont-là de beaux résultats obtenus par des privations en somme légères.

J'ai oublié de dire que la Patti fait parfois usage de café, à titre de réconfortant, quand elle chante. Elle en prend au théâtre, dans les coulisses, après les actes un peu longs et fatigants. La boisson chère à Voltaire, à Napoléon et à Balzac la rafraîchit dit-elle, et lui redonne toute la vivacité nécessaire. On voit que, pour rester belle et se bien porter, ce qui est tout un, il faut se contenter d'une alimentation saine, fraîche et modérée.

Nous recommandons à tout le monde une nourriture très simple; mais chacun choisira judicieusement ses mets selon la nature de son estomac. Il n'est personne qui ne se trouve bien d'écarter, de son régime, les friandises et de proportionner à l'exercice qu'il fait, la quantité de nourriture qu'il prend. Cette quantité sera plutôt limitée.

Le gens sédentaires doivent manger peu. Toutefois leurs aliments seront nutritifs, pourvu qu'ils soient de digestion aisée.

Personne ne doit manger ni boire entre les repas. Déplorable cette station qu'on fait chez les pâtissiers à la mode et où l'on consomme *inutilement* des gâteaux qui engraissent et du vin généreux qui énerve. Seule, la nourriture qu'on prend quand l'appétit est ouvert, quand on a faim, profite au corps sans le surcharger d'embonpoint.

Il est essentiel de prendre les repas à des heures très régulières, et d'y avoir toute tranquillité ; c'est-à-dire d'y éviter les discussions violentes et même légères, d'y oublier toutes les excitations et tous les troubles de l'âme et de l'esprit. Il faudrait pouvoir manger toujours en aimable compagnie, et éloigner, à table, les préoccupations de la vie. C'est bien difficile, mais on peut au moins faire des sacrifices à la paix et conserver autant de calme que possible, même au milieu de convives grincheux. Il est aussi conseillé de ne pas trop rire en mangeant. Il n'y a qu'à voir les animaux que leur instinct ne trompe pas vous diront les médecins : ils mangent sérieusement.

Si sobre que l'on soit, il est bon d'exiger que les plats que l'on mange soient apprêtés avec soin. Les viandes blanches imparfaitement cuites, les légumes carbonisés sont désastreux pour l'estomac, et les sauces mal réussies, et les mets trop épicés ou trop fades.

Il est contraire à l'élégance de manger très lentement, mais il faut pourtant mastiquer entièrement. On choisit alors, parmi les mets ceux qui se mâchent facilement, sans effort. Chez soi, si on est pressé, on laisse plutôt passer un plat ou on n'en prend qu'une petite quantité, plutôt que de manger très vite en mastiquant incomplètement.

Il est très nuisible de travailler tout de suite après les repas : le corps ni l'esprit ne doivent faire aucun effort pendant la digestion. Les Romains faisaient leur principal repas à l'heure où le travail du jour cessait. Si on était forcé de travailler immédiatement après avoir mangé, il ne faudrait prendre que des choses légères et en quantité mesurée.

Les sports du dehors étant des exercices violents, il ne faut pas faire de repas complet en descendant de cheval ou de bicyclette ; immédiatement après une partie de paume ou de tennis, alors que le corps est échauffé, fatigué. On doit attendre un peu. Si on a grand'faim, on se fait servir une soupe claire.

Parfois, on éprouve un léger malaise, c'est un avertissement que la nature nous donne. Dès qu'on a constaté en soi le moindre désordre, on se trouve à merveille de faire plus d'exercice et de prendre moins de nourriture.

Le jeûne complet ou partiel guérit vite et radicalement les petites indispositions, sans qu'il soit besoin d'appeler un médecin.

En temps ordinaire, un intervalle de cinq à six heures suffit entre les repas. Il est à déplorer qu'on dîne si tard, puisqu'il a fallu instituer le funeste five o'clock tea, — et qu'on se couche aux lueurs de l'aube, la longue veille requérant la collation et le souper. Ces nombreux repas, ces fatigues inutilement subies ruinent l'estomac des mondains.

On boit beaucoup trop et cela fait qu'on mange moins bien... parce que l'excès du liquide emplit l'estomac. On aurait le teint bien plus clair, si l'on buvait peu, seulement en mangeant et modérément : par gouttes plutôt que par verres.

Les stimulants sont très dangereux. Entre tous, il faut proscrire l'alcool. Il est surtout contraire au foie; il amène des désordres nerveux, il trouble la digestion. Le thé, le café doivent être pris à petites doses pour relever les forces en cas de grande fatigue produite par un travail, un effort extraordinaire. Il est bon de ne jamais boire de vin pur, surtout si l'on est sanguin. Les gens débiles ou lymphatiques supportent mieux les stimulants que les gens robustes. La bière peu alcoolisée, pourvu qu'elle ne soit pas prise en grande quantité, n'est pas mauvaise du tout.

Je veux encore dire qu'un vieux et savant médecin faisait diminuer la quantité de nourriture à ses belles clientes, dès la fin de janvier (où commence le printemps médical) jusqu'à celle d'avril. Il ne leur permettait, du reste, en tout temps, que quelques onces de viande, des œufs, du lait, des légumes verts, des fruits frais, ou en hiver des fruits secs ou de garde : beaucoup d'oranges et de pommes. Il n'autorisait que de l'eau rougie. Il proscrivait — pendant la durée du printemps médical — le thé, le café, l'alcool sous toutes les formes les plus déguisées. Il faisait disparaître le poisson de la table du 1er avril au 1er novembre, et n'accordait les choux, les raves, les asperges, qu'à des intervalles éloignés.

Mais aussi, quelle carnation idéale possédaient toutes les femmes qu'il soignait, et quelle sveltesse sans maigreur ! Vrai bienfaiteur de l'humanité, il conservait la beauté et il détruisait la gourmandise ! Il aurait bien mérité une statue, mais on ne la lui élèvera pas !

Les boutons, les points noirs, l'eczéma proviennent parfois de l'excès de nourriture, ou d'une nourriture malsaine.

Les condiments ne valent rien ou pas grand'chose, à l'exception du poivre et de la moutarde et encore, de ces deux privilégiés ne doit-on user que fort modérément.

Le sel est bon aussi, mais encore à la condition de n'en pas faire abus.

Au point de vue de la voix, le régime a une importance véritable, mais nous en parlerons plus loin.

Le corset et les organes.

Les médecins assurent qu'à la manière dont il est compris, le corset a des effets déplorables sur la santé de la femme. « Si vous en faisiez un simple soutien, disent-ils tous, nous n'aurions pas à nous en plaindre, mais vous le transformez en géhenne où vos organes souffrent la torture. »

Un grand nombre de femmes compromettent ainsi leur santé de gaieté de cœur. Elles savent bien qu'en se serrant excessivement dans ce dur corset, qui les blesse de tous côtés, elles compriment leur cœur, leurs poumons, les côtes qui ne peuvent plus se soulever au mouvement rythmé de la respiration, et l'estomac, et le foie, et d'autres organes encore. On leur a dit quels effets pouvait avoir cette compression réprouvée par les lois de la nature, on n'est pas parvenu à leur inspirer la crainte qui mène à la sagesse.

Il fallait leur faire comprendre qu'elles mettent en cause aussi bien leur beauté que leur santé : la beauté du buste sur laquelle nous reviendrons, celle du visage, du corps tout entier qui se déforme. Il est nécessaire qu'elles sachent que, si elles empêchent leurs organes de remplir leurs fonctions ou seulement si elles gênent ces fonctions, le visage racontera vite les souffrances supportées à l'intérieur du corps, et toutes les parties de ce corps recevront aussi l'empreinte du malaise éprouvé dans un coin quelconque de l'être.

Il se trouve malheureusement des maris qui, croyant — bien à tort — enrayer chez leur femme un embonpoint naissant, la forcent à se serrer beaucoup pour obtenir une taille menue. On va dire que cela est impossible... ou que c'est un cas bien rare. Pas autant, hélas ! qu'on pourrait le croire.

Ce qui est encore plus fort, c'est de voir des mères supporter que leurs fillettes se serrent à outrance ! Tandis que toutes les mères devraient abolir l'usage du corset pour leurs filles en croissance !

Le surmenage.

Pour conserver sa santé, il faut redouter cette agitation sans trêve qui conduit au surmenage intellectuel et physique. On doit se procurer au moins une heure de calme et de repos chaque jour, — indépendamment du temps consacré au sommeil, — afin de délasser son corps et son esprit.

Ne dit-on pas que les Françaises ne sont plus jolies, alors qu'il y a toujours des Flamandes dignes du pinceau d'un Rubens, des Anglaises d'une fraîcheur idéale, des Américaines séduisantes, des Viennoises adorables, etc. ?

Cette opinion m'attriste. Je voudrais que la France ne se laissât surpasser en aucune chose. Comment mes compatriotes vont-elles reconquérir le renom de beauté ?

Elle devront changer de vie : sans cesse, les Françaises sont en scène ou sur la brèche. Ce sont certainement les femmes les plus occupées de l'univers, à quelque degré que vous les preniez sur l'échelle sociale.

Pour ne parler que des Parisiennes du grand monde, qu'on représente partout comme si frivoles, nous dirons qu'elles surveillent leur ménage, non seulement au point de vue de l'élégance, mais aussi à celui de l'économie ; qu'elles ont l'œil sur leurs enfants, les entourant de soins hygiéniques, les conduisant aux cours — où elles bénéficient autant qu'eux des leçons données, — les faisant habiller avec goût et leur procurant les plaisirs de leur âge.

En même temps, elles cultivent un ou plusieurs arts, se tiennent au courant de toutes les questions du jour, causent des affaires avec leur mari, l'aident ou le suppléent parfois, administrent souvent son bien. Elles font partie d'œuvres de toutes sortes, elles collectionnent; elles se livrent à tous les sports, elles reçoivent, vont dans le monde, et, souvent, parce qu'elles se croient obligées d'être vêtues comme des reines, — les reines de la mode, dépensent de longues heures chez le couturier.

A l'étranger, il est rare qu'une femme se mêle d'affaires, compte avec les fermiers, s'intéresse d'une manière effective à l'usine, à l'établissement agricole, ou à toute autre chose qui peut constituer la vie sérieuse ou active du chef de la famille. Les Anglaises ont une armée de domestiques du sexe féminin : *nurses, governesses, maids*, bonnes étrangères, auxquelles les enfants sont livrés. Si une Viennoise, une Russe s'occupent d'art elles délaissent tout le reste; l'Américaine qui adore le monde, s'y livre, à l'exclusion de toute autre chose. Une princesse moscovite, qui se précipite dans le nihilisme, coupe ses cheveux; une fille d'Albion, qui adopte ou crée une œuvre, prend des lunettes bleues; l'une et l'autre se consacrent tout entières à ce qu'elles considèrent comme une mission.

Une Espagnole se plonge dans la dévotion et l'amour et ne voit rien au delà; l'Allemande fait des tartines, des lessives et des sentimentalités ou s'enfonce dans le pédantisme qui caractérise la race. Conclusion, les femmes des autres pays ne se surmènent pas comme nous. Elles choisissent une branche de l'arbre de la vie et s'y tiennent perchées ; nous autres, nous sautillons de rameau en rameau jusqu'à la lassitude. Or, la fatigue enlaidit et vieillit avant l'âge.

Non pas que je puisse jamais blâmer la femme d'être la vraie compagne de son mari, en se passionnant pour ce qu'il fait ou entreprend ; d'être mère au sens du mot, c'est-à-dire en prenant soin de la santé, de l'éducation, de l'instruction de ses enfants ; non plus de s'adonner à l'art, au bien, etc. Mais qu'elle me permette de lui conseiller de moins remplir sa vie. Et qu'y aurait-il à supprimer ? Par exemple, au lieu d'appartenir à dix, vingt œuvres, que ne se dévoue-t-on sérieusement à une seule ? On ferait sûrement plus de bien qu'en éparpillant ses forces de tous côtés. L'étude d'un art suffit, on excellerait peut-être dans le chant, si l'on ne voulait aussi faire de la peinture.

Mais ce que je demanderais avant tout, ce serait de sacrifier un peu moins au monde. On ne se rend pas assez compte de ce qu'il faut dépenser de force et d'énergie, pour obtenir la royauté des salons sans répudier les côtés nobles et sérieux de l'existence.

L'activité est bonne, c'est une condition de vie ; l'agitation fiévreuse est nuisible, elle peut être une cause de mort.

Quelle détente on éprouverait pourtant à éliminer de l'existence les prétendus devoirs qui entrent en lutte avec les obligations véritables, jusqu'à faire méconnaître celles-ci. Quel calme on obtiendrait à se soustraire aux mille tyrannies mesquines, pour être tout entière aux engagements justes et raisonnables, librement consentis !

Dans les causes énumérées de surmenage, de trépidation continuelle de nos nerfs, il serait regrettable d'oublier les fréquents déplacements. Que d'heures perdues en wagon, quelles fatigues imposées par toutes nos installations temporaires ! On devrait réduire ces allées et venues qui n'ont ni utilité, ni véritable agrément : Une villégiature hygiénique *ou* un voyage d'instruction ne pourrait-il suffire chaque année ?

A notre époque, les choses et les lieux défilent devant nos yeux à la manière des images des kaléidoscopes, et nous ne gardons de ce que nous voyons que des souvenirs légers et fugitifs, au lieu des impressions précises et fortes qui, seules, sont profitables, et que seuls nous procurent le calme et la durée.

Enfin, plus de tranquillité nous ferait perdre cet aspect en l'air, affairé... qui n'était pas du tout bien porté autrefois.

Patience et régularité.

Le surmenage est toujours accompagné d'impatience, à moins qu'on ne soit douée d'une placidité de caractère tout à fait extraordinaire. On s'impatiente d'attendre chez le couturier, on s'impatiente parce que le coiffeur ou la robe de bal n'arrive pas. On s'impatiente parce qu'il faudrait être en dix lieux à la fois et qu'on ne possède pas le don d'ubiquité.

L'impatience a des effets désastreux sur le caractère, la santé, la beauté, elle jaunit le teint, maigrit le corps, ternit les yeux, après leur avoir donné un moment d'éclat fiévreux.

Pour éviter cet état d'inquiétude, préjudiciable à soi et aux autres, après avoir simplifié sa vie, il faudrait encore savoir régler l'emploi de ses heures.

La régularité, dans les habitudes, le travail et les moindres occupations, devient une condition de santé, en ce sens que, nous faisant trouver du temps pour toutes choses, elle nous épargne ces fatigues excessives qui naissent de la hâte et de la précipitation.

Les journées bien réglées sont bien employées... utilement et doucement employées.

Grâce à l'économie de temps que nous vaut une bonne méthode, nous nous procurons une grande liberté d'esprit, un calme véritable, une humeur égale... une circulation du sang normale,

Au contraire, l'emploi de nos heures n'est-il pas déterminé, nous sommes toujours troublés, soucieux, désespérés de « n'arriver à rien », souvent peu aimables et dans cette fièvre perpétuelle, nos organes sont fort malmenés.

En se levant, on doit savoir comment on occupera sa journée, en dehors des besognes quotidiennes pour lesquelles on a établi un ordre immuable. Il a suffi de réfléchir la veille, avant de s'endormir, aux devoirs, aux travaux qui pressent le plus, qu'il importe d'exécuter avant tous les autres.

Telle heure est affectée à cette occupation, telle autre à cette obligation. Les instants de délassement ne se prennent pas tantôt en cette partie de la journée, tantôt en cette autre. On ne quitte pas le travail qui doit se terminer pour se livrer à un autre, plus attrayant mais qui peut attendre.

Dans les premiers moments, on pourra trouver pénible de s'astreindre à une règle et surtout de ne jamais l'enfreindre... que dans ces circonstances extraordinaires, exceptionnelles, qui peuvent bouleverser la vie. Mais ceux qui auront le courage de persévérer seront bien récompensés par la paix et la sérénité de leur intérieur, par la maîtrise obtenue sur leurs nerfs. Ils deviendront patients, posés, réfléchis ; leur santé en sera bien améliorée et ces bons résultats se refléteront en beauté sur leur visage.

La règle que nous conseillons ne doit avoir rien d'arbitraire, c'est-à-dire qu'elle ne doit pas gêner les convenances souvent respectables de l'entourage. Il ne faut donc pas l'adopter sans l'avoir étudiée dans un esprit de logique et de bon sens, pour la modifier, si le besoin s'en fait sentir, et ne la rendre définitive que lorsque l'expérience en a prouvé l'excellence.

Les maladies nerveuses.

Les maladies nerveuses peuvent entrer, je crois, dans le cadre de ce livre, puisqu'elles rendent beaucoup de leurs victimes impropres à la vie mondaine, à la vie sociale. Il m'est permis d'en parler, parce que leur guérison peut être obtenue par un effort persévérant de la volonté et grâce à quelques soins qu'on est autorisé à prescrire sans l'assistance du médecin.

Il suffit souvent d'un chagrin, d'un événement

désastreux, parfois d'une vive contrariété, pour développer en quelques natures, — qui peuvent être exquises, d'ailleurs, — une telle nervosité qu'elles deviennent bientôt à charge à elles-mêmes et aux autres. Elles ne savent plus supporter un reproche, une observation, une contradiction, un retard, sans se laisser aller aux pleurs ou à l'emportement. Il est certain que ces femmes... et ces hommes sont malades, qu'il faut s'armer à leur égard de patience et de douceur, leur épargner dans la mesure du possible tout sujet d'irritabilité, mais eux aussi doivent agir sur eux-mêmes.

Dès le début, quand ils ont senti pour la première, deuxième, troisième, quatrième fois ! qu'ils n'avaient plus sur leur geste, leur parole, leurs sensations, cette maîtrise qui caractérise l'homme raisonnable, ils devaient réfléchir, s'examiner, chercher à comprendre ce qui avait amené en eux ce changement et immédiatement *s'efforcer* de réagir de toutes leurs forces encore existantes contre cet état morbide. Ils n'auraient pas vaincu le mal du premier coup, je ne veux pas leur donner cette fausse espérance ; mais en continuant à veiller sur eux constamment, ils l'auraient atténué assez rapidement et bientôt après ils en auraient été délivrés, ils en auraient délivré les autres.

L'hygiène morale doit être soutenue par l'hygiène

physique. Les gens nerveux ne savent pas préciser leurs souffrances ; ils sentent qu'ils ne sont plus dans l'état ordinaire de santé et ils se soignent eux-mêmes ou se font soigner par un médecin qu'ils renseignent fort mal sur la maladie dont ils sont atteints.

L'ébranlement des nerfs amène une faiblesse qu'on veut combattre. On s'ordonne ou l'on se fait ordonner des fortifiants ou soi-disant tels : le fer, le quinquina, la viande saignante, le vin généreux... qui sont des irritants, des stimulants, quand il faudrait des calmants. Pour mettre en fuite la tristesse et l'ennui, qui sont le corollaire des maladies nerveuses, on se fatigue en voyages, en plaisirs, en « distractions » de toute nature, quand le repos serait le meilleur remède, surtout si on y ajoutait le travail.

Une vie unie, dénuée d'impressions, de sensations vives est indispensable à ceux qui ont été secoués par un malheur ou une douleur. Quand ils le peuvent, ils doivent aller demander l'apaisement dont ils ont besoin à la grande nature, qui les bercera, les endormira dans ses bras et les pénétrera de son calme auguste. Une vie toute végétative est ce qui leur convient pendant assez longtemps.

L'union du corps et de l'âme étant très intime, ils choisiront leur nourriture de telle sorte qu'elle ne puisse exciter ni leur sang ni leurs nerfs. Peu ou pas de viandes ; peu ou pas de vin, mais des œufs, du laitage, des légumes. Nous parlerons tout à l'heure des corps gras, qui leur seraient favorables.

Les exercices *modérés*, en plein air, leur sont aussi très utiles.

Enfin et surtout il faudrait détourner presque entièrement sa pensée de soi-même; ne pas « s'écouter », comme nous disions plus haut, c'est-à-dire de ne pas se plaire à analyser ses souffrances physiques et morales, ne pas s'appesantir sur ses maux de quelque ordre qu'ils soient. Il est encore indispensable d'éviter les discussions inutiles, oiseuses, il serait bon de voir la vie sous ses beaux côtés, de s'occuper du prochain, de penser à être utile ou même seulement agréable à autrui; il n'est pas de plaisir plus sain ni meilleur. Si chacun voulait écouter cet humble conseil, le monde changerait de face, le mal disparaîtrait de la terre. Il est facile à pratiquer pourtant et il ne peut être suivi de découragement. Mais si on ne recueille qu'ingratitude ? Eh bien ! on fera le bien pour le bien. Du reste, la reconnaissance est, quoi qu'on en dise, une vertu innée au cœur de l'homme. Seulement, le bien doit être fait *avec grâce* pour inspirer la gratitude. — Aimer les autres, c'est le seul moyen de les supporter, de leur pardonner, de ne pas sentir les blessures qu'ils vous font. C'est le seul moyen de tirer parti de la vie, d'amoindrir les souffrances et les douleurs terrestres.

Ce que révèle la transpiration.

Une conscience troublée, un caractère qu'on ne gouverne pas, la mélancolie, enfin les sentiments mauvais ou tristes créent dans le corps de nuisibles produits chimiques.

Les sentiments bienveillants, les pensées agréables, la gaieté, le désir de bien faire créent des produits chimiques salutaires pour la santé.

Ces produits chimiques peuvent être distingués dans la transpiration de chaque individu par l'analyse chimique de cette transpiration.

Examinée, la transpiration révèle, en effet, les conditions émotionnelles. Chaque mauvaise émotion produit son poison particulier.

Si une petite quantité de la transpiration d'une personne, souffrant d'une conscience coupable, est placée dans un tube de verre et mise en contact avec l'acide sélénique, elle deviendra rose. Nul des autres poisons similairement générés n'offre le même phénomène.

En conséquence, le rose paraîtrait être la couleur

caractéristique de la malfaisance, — une involontaire rougeur des mauvaises actions.

Vous pensez bien qu'une telle dissertation, savante et philosophique, n'est pas de moi. Je vous expose, je vous traduis une pensée qui n'est pas même venue à moi directement, mais que je tiens à faire connaître, parce qu'on peut en tirer d'utiles déductions.

Il est donc en notre pouvoir de posséder une bonne santé, et j'ajouterai la beauté : ces nobles visages sereins et translucides qui sont ceux des sages ou des saints.

Il suffit d'entretenir en nous les bons sentiments ; d'aimer le vrai, le beau et le bien ; d'être prêt à aider notre semblable dans la mesure de nos moyens chaque fois que nous en trouvons l'occasion ; de chasser de notre cœur ces terribles passions qui ont noms : haine, colère, envie, orgueil, lesquelles sont des poisons pour notre organisme physique, comme elles sont des agents destructeurs pour notre personne morale.

On n'arrive pas du premier coup, le premier jour, à maîtriser ses défauts. C'est beaucoup de cultiver le vif et véritable désir de les détruire en soi. Rien n'aide à les anéantir comme de les détester, d'éprouver de sincères regrets chaque fois qu'on s'y est abandonné.

Il ne faut pas, surtout, attendre les grandes circonstances, les événements importants pour combattre contre soi-même. Il est absolument nécessaire de batailler à chaque instant du jour. Il est absurde de dédaigner les toutes petites victoires qu'on peut remporter même sur un seul travers, car c'est le vrai moyen de s'entraîner.

On ne devient pas grand capitaine du jour au lendemain, ou c'est fort rare. Il est indispensable d'étudier l'art de la guerre. On ne conduit pas tout de suite des armées ; il vaut mieux commander d'abord dans les escarmouches. Ainsi, bien des gens se disent : dans tel cas, je serai généreux, chevaleresque, dévoué, je braverai dangers, ruine, mort. Ce cas se présentera-t-il jamais de vaincre l'amour du repos, l'égoïsme, l'instinct de conservation ? On risque fort de mourir sans avoir du tout donné de sa personne.

Il est, au contraire, de petits dévouements journaliers qui sont à la portée d'un chacun. Retenez le mot désagréable qui montait à vos lèvres, réprimez le sourire moqueur que vous esquissiez, ne donnez pas cours à votre spirituel persiflage... qui vous vaudrait peut être l'admiration des dilettantes, mais qui froisserait les cœurs tendres. Et ce mince avantage moral remporté sur votre dureté native va détendre vos traits, les revêtir de douceur et de grâce, en même temps que vous épargnerez à votre sang le mouvement fébrile qui résulte de l'attaque et de la riposte, dans toute lutte, si infime qu'elle soit.

Pardonnez la petite injure qu'on vous fait parfois inconsidérément, par manque de tact et d'usage. Oubliez la légère injustice commise à votre égard, et, s'il faut revendiquer un droit, faites-le avec calme, sans violence. Abandonnez même un peu de votre toison aux buissons sans de trop vives récriminations. Quand vous ne pouvez éviter les coups d'épingle, cuirassez-vous contre eux d'indifférence, vous lasserez celui qui vous les porte. — Vous éteindrez ainsi en vous le sentiment de colère, d'impatience tout au moins, qui vous enlaidirait, ne durât-il qu'un instant. Une expression même fugitive, mais qui se renouvelle souvent, finit par se graver sur les traits du visage. Une impression même légèrement désagréable aigrit le sang. Gardons notre santé et que notre physionomie exprime la paix et la grandeur de notre âme.

Quelques petits remèdes.

On est parfois obligé, après une journée très remplie, d'aller encore se distraire (!) dans le monde.

Beaucoup de femmes, en apercevant des traces profondes de fatigue sur leur visage, ces lignes que vous connaissez, autour des yeux et de la bouche, préféreraient de beaucoup rester chez elles. Mais le devoir mondain (!), parfois le devoir social ordonne, et souvent aussi un mari.

Dans ce cas, pour se procurer le bien-être que quelques heures de calme auraient rendu à tout le corps, pour faire retrouver un peu de fraîcheur au teint et un aspect reposé aux traits, il faut recourir à quelques ablutions. On se baigne d'abord la face dans de l'eau *très chaude*. Puis, au moyen d'eau très chaude aussi, on se lotionne, à trois ou quatre reprises, le cou devant, les tempes et le dos des oreilles. Enfin, on se fait projeter de l'eau froide en pluie fine sur la face.

Le résultat obtenu est étonnant, on est redevenue très fraîche et très belle et par des moyens d'une magie bien inoffensive.

Le mal de tête nerveux se guérit encore par l'eau très chaude. On se place au-dessus d'une cuvette, après avoir mis son cou à nu et relevé haut ses cheveux et on se fait lotionner à l'eau presque bouillante la nuque et le dos des oreilles. — Mais en même temps, il faut se mettre à son aise, quitter son corset et passer un peignoir *sans ceinture* pour tout vêtement. Avant un quart d'heure, le mal a disparu.

3.

Le docteur de L... qui se double d'un philanthrope, conseille aux anémiés et aux névralgiques le traitement à l'huile d'olive. Les corps gras — à condition qu'ils soient très purs, enrichissent le sang. L'huile d'olive est donc un excellent médicament pour les affaiblis. Elle calme leurs douleurs. On en prend un verre à vin de Bordeaux tous les matins, et on la fait suivre d'un verre d'eau fraîche. On frictionne encore les parties souffrantes au moyen d'un peu d'huile d'olive.

Le beurre, en assez grande quantité dans l'alimentation, répare bien les forces. Toutefois il faut qu'il ne contienne aucun atome de margarine, et il est malheureusement très adultéré de nos jours.

Le lard est favorable aussi... mais il doit être un peu ranci (!) pour être digéré facilement.

LA GRACE DU CORPS

Écoles de beauté.

Dans les « écoles de beauté », qui sont assez nombreuses en Amérique, les jeunes misses yankees acquièrent en dix semaines, au prix de cent dollars, la grâce et la distinction des manières. Ce résultat vaut bien le temps et l'argent dépensés.

Sous la direction d'habiles professeurs, les élèves s'exercent à marcher à la façon des nymphes, à s'incliner avec la dignité des reines. On ne néglige pas le geste, comme bien vous pensez. Elles apprennent à *manœuvrer* les bras, soit avec une lenteur étudiée, soit avec la vivacité et l'énergie dont nous revêtons le mouvement dans les moments de passion.

C'est plus que nous ne demandons; il ne faut pas, sous prétexte d'élégance, transformer nos jeunes filles et nos jeunes femmes en actrices.

Mais les professeurs new-yorkais enseignent encore (et, là, il n'y a qu'à approuver), à s'asseoir, à s'incliner de cent façons, à tendre la main, à baiser celle des gens âgés, à passer un objet à quelqu'un ; à entrer « dans un salon de la vieille Europe », à en sortir avec une aisance gracieuse et une désinvolture réservée.

On n'oublie pas les leçons de danse. Du reste, aujourd'hui, c'est une partie compliquée de la science mondaine : sans compter les danses actuelles, ne faut-il pas connaître les « danses anciennes », les « vieilles danses » et les « danses modernes », pour figurer, en costume, dans l'*intermède d'un bal ?* Ne nous plaignons pas de la longueur des leçons de danse ; nous savons qu'il n'est pas d'exercice meilleur pour inculquer la grâce des mouvements, et que c'est affaire au rythme musical qui plie le corps à la mesure, à l'harmonie.

A propos de la danse, il faut dire que les professeurs interdisent le menuet, les lanciers, les Américains aux femmes dont la taille est courte; ils disent qu'elles ne savent pas s'incliner.

Selon eux encore, les petites femmes, qui n'ont pas les jambes longues, ne valsent jamais très bien.

Grâce et dignité françaises.

N'allons pas nous laisser distancer par les fils et les filles de Jonathan. Souvenons-nous du renom de bonne grâce qui auréolait nos aïeux.

Ils ne se bornaient pas à désirer et à obtenir la beauté du visage. Ils voulaient séduire aussi par l'aisance et la dignité de leur contenance et de leurs gestes. Observons-nous, comme ils le firent, pour conserver ou acquérir les qualités qui les distinguaient.

Il nous est arrivé à tous de marcher derrière une personne de tournure élégante, dont nous n'avions pas aperçu les traits, mais dont la démarche harmonieuse faisait naître en nous, — que celui qui ne l'a pas éprouvé se lève et me démente, — cette sorte de sympathie qu'éveille dans l'âme humaine tout ce qui touche au beau.

Le vicomte de Létorières ne dut pas son extrême faveur auprès de tous à sa seule jolie figure, mais à tout l'ensemble de sa personne, à la grâce sans seconde de ses manières et de sa tournure... Les cochers le voituraient sans paiement, les tailleurs l'habillaient pour rien parce qu'ils le trouvaient trop charmant, les uns pour le laisser aller à pied, les autres pour souffrir qu'il fût mal vêtu.

Fontenelle, au déclin de sa vie, tout courbé par les années, faisait encore admirer sa démarche « noble et décente ».

La maréchale de Luxembourg était toujours mise avec une simplicité extraordinaire pour son rang, et le temps où elle vivait. Mais cette « petite bonne femme », en robe de taffetas brun, bonnet et manchettes de gaze unie, imposait tout de suite, en dépit de son air modeste, par son maintien, « qui avait quelque chose de royal ».

Efforçons-nous donc tous de marcher, de nous tenir, de nous asseoir avec autant de grâce que le comporte notre structure, avec toute la grâce dont nous pouvons la gratifier par une étude suivie.

Le maintien.

Le maintien n'est jamais défectueux que par suite de négligence ou, encore, d'ignorance de la beauté.

Mais il est heureux que le mal, même très avancé, soit réparable, à condition d'exercer une surveillance rigoureuse sur soi-même pendant plusieurs mois, et de ne plus se départir ensuite des bonnes habitudes acquises.

Lorsque nous arrivons à réformer notre maintien, il se produit en nous un tel changement que soit la laideur, soit la vulgarité en est fortement diminuée, ou la beauté et la grâce fort augmentées.

On dit qu'un bon maintien indique de belles formes ; j'ajoute qu'un bon maintien peut corriger certaines imperfections des formes, au moins les amoindrir jusqu'à les faire passer inaperçues. Il donne aux lignes l'harmonie qui leur manquait, il ajuste les mouvements qui n'étaient souvent déplaisants que pour n'être pas assez mesurés.

Une femme — ou un homme, bien entendu, — qui avait l'habitude d'enfoncer son menton dans son col et qui s'avise de l'en sortir, c'est-à-dire de s'accoutumer à tenir son menton relevé — sans toutefois jeter la tête en arrière, ce qui est, assure-t-on, un signe de présomption, — cette femme, eût-elle une attache de cou défectueuse, aura une tête bien posée, du moins elle paraîtra telle. Il suffisait de savoir la tenir et la mouvoir. On ne saura pas, non plus, si son cou est long ou court, s'il est gras ou décharné. Quatre-vingts fois sur cent, on ne s'aperçoit de nos imperfections que si nous les faisons remarquer par notre mauvaise tenue.

L'affaissement, qui fait perdre au corps toute élégance, naît presque toujours d'un laisser-aller devenu habituel.

On a cédé à la paresse, on a manqué de courage pour prévenir en soi toute déchéance, — ce qui nous enlaidit, nous diminue. Mais au moins, dès qu'on s'aperçoit du tort qu'on s'est fait volontairement, doit-on mettre en œuvre toute sa fermeté et sa persévérance pour y remédier. Et, cela, quel que soit l'âge.

Il est nécessaire, par exemple, de veiller sans relâche sur son attitude, aussi bien dans la solitude que dans le monde. C'est, du reste, le seul moyen d'avoir, en toutes occasions, un maintien naturel, non apprêté, et de regagner en peu de temps ce qu'on avait perdu, ou d'acquérir rapidement ce qu'on ne possédait pas.

Relevez donc votre buste, effacez vos épaules. Voyez, la poitrine au lieu de rentrer se présente en avant, le dos qui se bombait ne conserve que la courbe gracieuse voulue par la nature. Immédiatement, la silhouette paraît à la fois plus gracieuse et plus ample; tout à l'heure, elle était vraiment rabougrie, tortionnée.

Et puis les côtes ne tombant plus sur les hanches, l'abdomen — qui avançait plus que de raison et de façon à compromettre le profil, — l'abdomen rentrant dans ses limites, on retrouve une certaine sveltesse et l'aspect général prend aussi plus de noblesse.

Tenez-vous ainsi pendant six mois, sans une minute de défaillance, vous aurez recouvré ou vous vous serez attribuée l'allure qu'on reconnaît aux gens de race. Mais ne péchez plus et prenez l'habitude désormais de vous tenir bien droite... sans raideur.

Ce résultat ne vaut-il pas la peine que vous vous serez imposée, la contrainte que vous vous serez infligée.

Il y a d'autres bénéfices encore à retirer de ce bon maintien : toutes les parties du corps reprenant leur situation normale, les organes vont aussi retrouver la leur avec une liberté qu'ils ne connaissaient plus. Et vous éprouvez un bien-être dont vous vous priviez bien volontairement, et qui n'est autre que la santé.

On ne saurait trop redire que la santé est accompagnée de beauté.

Il faut que la femme soit fine, mais robuste aussi pour ressembler à la déesse qui marche sur les nues. Si elle souffrait, son corps manquerait de cette rectitude qui en fait l'élégance. Quant à l'homme, s'il s'affaisse soit par défaut de santé, soit par nonchalance, il dépouille son apparence de cette force et de cette fierté qui donnaient au corps antique quelque chose de divin.

Autre chose encore milite en faveur d'un gracieux

maintien : une femme de grand sens m'a dit souvent que les gens dont le maintien ne laisse rien à désirer usent moins leurs vêtements que ceux dont les attitudes sont reprochables. Cela vient de l'harmonie des mouvements qui, étant bien réglés, n'imposent aucune fatigue aux vêtements.

Ces vêtements paraissent aussi plus beaux, quand ils sont portés par des gens qui se tiennent bien. D'autres personnes mieux mises mais dont le corps est dégingandé sembleront moins bien habillées.

Pourquoi la même robe sied-elle bien à telle femme et non à cent autres de mêmes proportions ? Parce que cette femme, de par la grâce de tout son être, embellit tout ce qu'elle porte.

Félibien (un écrivain de la première moitié du xviie siècle) dit que « la grâce est une partie toute divine, qui charme les yeux. C'est un agrément de beauté dans la figure et surtout dans l'attitude, cet agrément de l'attitude procède d'un certain ton, d'une noblesse aisée et propre à la personne même ».

Les mouvements.

L'aspect désagréable d'un corps anguleux résulte beaucoup plus souvent de la gaucherie et de la maladresse des mouvements que de la maigreur elle-même. On ne saurait donc trop cultiver l'art du geste et de la motion.

Les personnes mal pondérées, qui ne calculent pas leurs mouvements, accrochent partout leurs vêtements, se heurtent à tous les angles.

Les accidents qui arrivent aux enfants sont, en général, produits par leurs mouvements inconsidérés. Un être raisonnable est plus facilement gracieux qu'une personne évaltonnée, ses mouvements mieux combinés sont aisés et harmonieux.

Il y a des gens qui font encore saillir leurs aspérités naturelles. D'autres possèdent la science de les dissimuler et non du tout mieux doués, mais plus habiles, ne sont pas réputés laids comme les autres.

Les bras maigres des fillettes sont mis dans tout leur désavantage par les gestes brusques et heurtés qu'ils exécutent sous l'empire de cette timidité, de cette appréhension maladive des regards et de l'opinion qui saisit les jeunes filles et leur enlève tout contrôle sur leurs mouvements.

Les femmes d'un certain âge, dont les coudes sont restés pointus arrivent, au contraire, à se rendre maîtresses de ces angles malencontreux, grâce à une discipline sévère du geste, à une surveillance incessante sur leurs mouvements. C'est parce que, plus aguerries, elles se possèdent mieux, qu'il leur est possible d'empêcher ces bras imparfaits d'attirer l'attention. Beaucoup de femmes, pour passer un objet à quelqu'un, pour offrir la main ou serrer celle qu'on avance vers elles, tendent le bras d'un seul mouvement, raide, automatique, lequel est des plus disgracieux. En ces circonstances, le geste ne doit-il pas être empreint de douceur et de moelleux, pour traduire le sentiment qui lui a donné naissance ?

De même, quand on prend un objet de la main des gens, il ne faut pas le leur *arracher*, mais le *recevoir* avec une grâce aisée.

Il faut perdre l'habitude de se croiser les bras... quand on l'a prise. En croisant les bras, on amène les épaules en avant, on tire sur le dos, on pèse sur la poitrine et sur l'estomac. Tout de suite on respire mal. Essayez plutôt en vous observant. Il est important de respirer facilement et amplement. Enfin cette pose n'est pas du tout jolie, puisqu'elle ne permet pas d'effacer les épaules.

Par contre, j'engagerai à croiser parfois les bras derrière le dos... dans les instants de solitude — l'attitude n'étant pas gracieuse, non plus. Mais du moins le corps se redresse bien par le fait d'amener les bras en arrière, et on donne toute liberté aux poumons.

Il est très bon d'agir sur soi, — même dans la plus absolue solitude, afin de ne pas retomber en faute dans le monde, — pour se délivrer de certaines manies. Ces manies consistent à porter les mains à la tête pour se caresser les joues, se frotter les yeux, se lisser les cheveux. Il n'y a jamais avantage soit pour le visage, soit pour les mains, d'en venir à un rapprochement. Ce qui est encore absurde, c'est de se donner de petits coups sur les lèvres, les femmes au moyen de leur éventail, les hommes avec la pomme de leur canne. On doit réprimer non seulement le geste laid et disgracieux, mais encore le geste inutile. Les dieux de l'Olympe tiraient leur majesté de leur impassibilité, les Orientaux la demandent à un calme imposant, à un geste sobre.

Les vieux professeurs d'élégance étaient très sévères, en ce qui concerne les gestes. Ils ne voulaient pas qu'on déployât ses bras en parlant, ou qu'on les étirât, ou qu'on les allongeât.

Ils prescrivaient de ne battre du tambour « ni avec ses pieds ni avec ses doigts ». Ils recommandaient de ne pas marcher de long en large, quand on se trouvait en compagnie de gens assis.

Eux aussi ordonnaient qu'on se tînt droit et ferme, qu'on ne mît pas ses pieds l'un sur l'autre. Ils demandaient qu'on ne tirât pas ses doigts comme pour les allonger, qu'on ne secouât ni la tête ni les bras, ni les jambes, qu'on ne roulât pas des yeux égarés et qu'on ne levât pas un sourcil plus haut que l'autre.

Ils défendaient de tordre sa bouche, de faire aucune grimace, de se gonfler les joues, de les mordre, d'ouvrir et de fermer sans cesse la bouche. Ils disaient : « Ne sors pas ta langue ! ! Ne caresse pas ta barbe, ne te frotte pas les mains ». — Combien de gens pourraient faire leur profit de ces vieux enseignements.

J'ajouterai à leurs prescriptions : Gardez-vous d'aller dans le monde quand vous êtes fatigué, car il n'y faut pas avoir une contenance abattue. Renoncez aussi à sortir de chez vous lorsque vous sentez que vous avez des « inquiétudes » dans les jambes ou dans tout autre membre, car il ne faut pas s'agiter, remuer sans cesse.

Lorsque vous racontez quelque chose, ne dessinez pas du geste les choses dont vous parlez.

Enfin, il y a des hommes qui se lèvent pour pérorer debout dans un salon, les mains dans les emmanchures de leur gilet; c'est une pose malséante et laide que ne se permettra jamais un véritable gentleman. Une femme ne doit pas davantage rouler sur ses doigts une boucle de ses cheveux, tirailler ses pendants d'oreilles. Elle ne tourmentera pas non plus la boucle de sa ceinture, ni sa broche, ni ses bagues.

Je connais un médecin qui parle en portant son mouchoir devant sa bouche, qui le mordille, crispant ainsi jusqu'à la souffrance une femme de mes amies qui ne peut plus l'appeler dans ses maladies. Mais c'est encore pis de sortir son mouchoir de poche et de l'agiter comme un drapeau de parlementaire.

Une de mes parentes tenait sans cesse la bouche ouverte, cette manie l'enlaidissait beaucoup et, dans son entourage, cela impatientait fort.

Je sais qu'il est des gens nerveux qui ne sont pas conscients de tous les mouvements qu'ils exécutent, au grand agacement des autres. Il est donc bon de réprimer cette sorte d'agitation chez les enfants; l'habitude étant une seconde nature, ils se corrigeront de ce défaut léger, mais qui leur ferait tort.

Les mains.

Beaucoup de gens m'ont confié qu'ils étaient fort embarrassés de leurs mains dans le monde, *pour ce qu'*elles paraissent douées d'un cerveau, à elles propre et particulier. Comment les tenir, les disposer, afin de ne pas paraître gauches ni de manquer à l'élégance du maintien ? Bien des gens, en effet, vont jusqu'à perdre tout l'agrément qu'ils pourraient avoir dans la conversation, sous le coup de cette préoccupation... un peu puérile.

Il faut venir à leur secours. Un professeur de mondanités assure que, pour conserver aux mouvements, aux gestes des mains ou à leur repos la grâce, qui naît toujours de la simplicité, il est seulement nécessaire de ne pas penser du tout à *composer* ces mouvements ni ces gestes, à *arranger* ce repos. Il faut oublier qu'on possède des mains, et on arrive à cette inconscience d'une partie si importante de l'individu physique, par une très simple gymnastique.

Cette gymnastique consiste, enseigne le professeur, à laisser pendre ses mains au-devant de soi et à se les tordre aussi violemment que possible pendant cinq minutes. « L'opération rend les mains absolument inconscientes et, pendant quelque temps, vous êtes parfaitement indifférent à leur égard, *car elles ne se rappellent plus à votre souvenir*, par l'excès de sentiment (la sensibilité du toucher, sans doute), qui est en elles. En conséquence, pendant que dure cette espèce de sommeil, vous n'éprouvez plus aucun trouble au sujet de vos mains, et la disparition d'un tel souci donne de l'aisance aux mouvements que vous imprimez machinalement à ces membres, ou au repos où vous les laissez. »

On peut toujours essayer. Plusieurs de mes amis, qui ont profité de la leçon, assurent s'en être admirablement trouvés. Ils se livraient à l'exercice recommandé une fois, chaque jour, pendant un mois. Après ce temps, ils ne s'occupaient plus du tout de leurs mains, et bientôt, autour d'eux, on s'étonnait de leur gracieuse assurance ; ils avaient perdu la contrainte et la maladresse qui les désespéraient autrefois.

Cinq minutes avant d'entrer dans un salon, tordez-vous donc les mains, comme si vous étiez en proie à un violent accès de désespoir. N'attendez pas, toutefois, d'être entré dans le vestibule ou l'antichambre, car on vous croirait devenu fou ou accablé d'un affreux chagrin. Cette gymnastique n'est guère praticable que dans l'escalier, en voiture ou devant la porte de la maison... quand l'obscurité nous couvre de ses voiles. — Mais je sais que l'exercice a du bon, je ne veux donc pas le railler.

Il est encore bon de recommander à quelques-uns de ne pas passer et repasser sans cesse leurs mains qui peuvent être moites de sueur ou couvertes de gants souillés ou qui déteignent — sur les rampes et les bras des fauteuils. Ce mouvement est absurde, mais il a surtout l'inconvénient de manquer au respect qu'on doit au bien d'autrui.

Un éventail qu'elles peuvent ployer et déployer sans cesse est un excellent... dérivatif aux mains des femmes agitées, qui gesticulent sans même s'en apercevoir. Cela leur sert encore à réprimer les mouvements des mains que nous avons incriminés. L'éventail préserve bien leur grâce, si elles l'ouvrent et le ferment sans brusquerie.

Un dernier mot sur les mains. Si vous les aviez laides, malgré les soins que vous pouvez en prendre, il faudrait vous exercer à ne pas les *exposer* sans cesse à la vue d'autrui, sans aller cependant jusqu'à les dissimuler, ce qui serait gauche.

Il existe une manière savante de s'en servir qui ne peut s'expliquer que par les quelques mots donnés ci-dessus. Quand on est arrivé à la perfection du geste, on n'a plus à redouter aucune critique, personne ne sait si votre main est belle ou laide.

L'art de saluer.

Au siècle dernier, les maîtres de danse enseignaient surtout l'art de saluer et celui d'exprimer bien des choses par le regard.

Il y avait beaucoup de nuances dans les saluts et les révérences de ce temps-là.

En saluant une impératrice, il fallait rester *trois quarts de seconde* sans se relever. En se relevant, on devait tourner légèrement et modestement la tête vers la main droite de l'auguste personne, et il était recommandé de baiser cette main sans oser porter ses regards jusqu'au visage de la souveraine. Il était même d'étiquette de ne donner aucune sorte d'impression à sa physionomie, sauf celle du respect, et même de la crainte. On se représentait toutes les grandeurs, toutes les couronnes, tous les siècles de splendeur qui rayonnaient autour de la Majesté impériale, et ainsi on trouvait tout naturellement l'attitude qui convenait le mieux.

Pour saluer une landgrave, il était ordonné de prendre garde de ne pas saluer aussi bas que s'il se fût agi d'une reine. Il y avait entre elles quatre pouces de différence.

Il était bon qu'un gentilhomme regardât la dame d'honneur présente à l'audience, de façon à lui faire entendre, par son sourire, que, n'était l'étiquette rigoureuse, il lui aurait rendu les hommages qui lui étaient dus.

Admis en présence de la femme d'un grand personnage, un homme de marque ne pouvait lui faire des révérences *soumises*, comme s'il n'avait été qu'un humble hobereau de Bretagne.

Il était enseigné d'être prévenant sans trop d'empressement, « ce qui sent son bourgeois ». Entre jeunes gentilshommes, on s'abordait avec un air aimable qui disait, sans parler : « Je suis charmé de la rencontre, je désire votre amitié et vous offre la mienne. » La raideur n'était pas du tout à la mode. On n'en avait pas besoin pour préserver une dignité que la politesse de tous et de chacun protégeait; et quant, à la plus insignifiante injure, on répondait en mettant follement flamberge au vent.

On apprenait à saluer jusqu'aux artistes. Et lorsque le maître de danse ne trouvait pas assez parfait, assez profond le salut qu'on lui adressait, avec quel accent il insistait : « Un peu plus bas, monseigneur!... »

Les jeunes garçons étaient maintenus longtemps en jaquette longue — ce qui ne leur plaisait guère — à cause des leçons de *salut au plié*, à la manière des femmes. Ils devaient savoir saluer conformément au cérémonial, s'ils étaient appelés à revêtir le manteau de chevalier de Saint-Louis ou la robe de magistrat. On voit à quel point on tenait, autrefois, à la perfection du geste et du maintien.

On aimait tant les belles manières aux xviie et xviiie siècles, qu'elles primaient beauté et nobles qualités. La cour et la ville considéraient comme un régal de voir la charmante comtesse d'Egmont exécuter ses révérences d'étiquette, en grand habit et sous toutes les perles héréditaires de sa maison.

Deux autres femmes saluèrent comme elle, « à la Fontanges » : la reine Marie-Antoinette et Mlle Clairon, de la Comédie-Française. Chacun estimait qu'on ne pouvait rêver spectacle plus délicieux que de regarder faire la révérence avec cette grâce pleine de noblesse.

La démarche.

Il y a des conditions à observer pour bien marcher.

Il ne faut ni courir ni se traîner, ni trottiner ni faire de longues enjambées. — Aux montées, on ne se croira pas obligé d'incliner la nuque, de courber le dos. Au contraire, il est indispensable de tenir la tête levée et d'effacer ses épaules pour respirer librement. Les gens qui halètent en gravissant une colline ou un escalier sont ceux qui marchent sans principes.

Puisque nous avons parlé de l'escalier, ajoutons que, pour rester gracieux en le montant et surtout en le descendant, il ne faut toucher aucun degré du talon.

Un vêtement trop serré, un corset où l'on est emprisonnée enlèvent toute grâce à la démarche.

Le corps s'avance tout raide, sans aucune ondulation. Il peut être mince et délicat, on croit voir un paquet en-marche, mû automatiquement.

Il est encore essentiel de ne pas grelotter sous son manteau, et aussi de ne pas être écrasé sous son poids. Dans le premier cas, on se ratatine, et la démarche s'en trouve guindée, comme embarrassée ; dans le second, on est vite fatigué et la démarche prend une allure lourde et traînante.

Celui qui sait marcher n'a pas toujours un joli pied, mais tout le monde s'imagine que son pied est bien fait. Tous les maîtres de danse vous diront qu'il est indispensable de marcher les talons en dehors... Toutefois, il est bon de ne pas exagérer la prescription. Beaucoup de gens posent *tout le pied* en dehors, ce qui le grandit considérablement.

Quand on marche « en dedans », on diminue la longueur du pied, mais c'est affreux ; c'est ce qui donne à quelques personnes une si vilaine tournure. Je préfère, je crois (j'en suis sûre,) le « pied de roi » de tout à l'heure.

Le pied bien posé descend. L'extrémité du pied ne doit pas se relever dans la marche. Mais si l'on est serré à la cheville, la pointe du pied aura une tendance à se relever pour procurer de l'aisance à la cheville torturée. Veillons donc bien à tous ces détails qui ont de l'importance.

D'ailleurs, qu'on retienne bien qu'un pied chaussé trop étroitement ne peut se poser dans la marche comme la nature l'exige, et quand nous manquons aux lois de la nature, adieu la grâce. Les Anglaises, assez ignorantes pourtant de la coquetterie et de l'art de la toilette, ont supprimé tout talon à leur chaussure, quand elles sont de taille élevée. Elles savent que le talon, ajoutant à la hauteur de leurs longues jambes, influe désavantageusement sur leur tournure.

Au contraire, toutes les conditions indiquées d'attitude, de vêtements et de chaussure étant réunies, on obtiendra une démarche pleine d'aisance et de désinvolture. Les hanches de la femme auront ce mouvement rythmé, sans être trop accusé, grâce auquel la jupe se drape elle-même autour du corps à la façon dont se drapait le costume antique.

La manière de s'asseoir.

Il est d'une grande importance de savoir s'asseoir ; l'élégance et la santé y sont intéressées.

Les gens qui ont été bien élevés savent, en général, s'asseoir sur n'importe quel siège ; ils ont contracté cette bonne habitude dès l'enfance.

Ils ne s'assoient pas n'importe comment. Vous

ne leur verrez jamais prendre ces poses négligées, paresseuses, affaissées, qui, loin de reposer le corps, lui imposent plus de fatigue que la station debout.

Ils s'enfoncent bien au fond de leur siège — tout est là, — et leur buste ne perd pas une ligne de sa hauteur. Leur siège a-t-il un dossier, leurs omoplates s'y appuient tout naturellement. Si le dossier manque, ils s'en passent fort bien. Il n'y a qu'à penser aux duchesses de l'ancien régime, qui avaient « tabouret » à la Cour.

S'assied-on, au contraire, sur le bord du siège, se penche-t-on d'un côté ou de l'autre, s'étale-t-on nonchalamment, on inflige des tiraillements à l'échine. De plus, l'équilibre du corps étant rompu, les organes souffrent plus ou moins.

Ce n'est qu'en prenant la pose déterminée par la forme de notre corps que nous pouvons espérer de bénéficier d'un vrai repos.

L'habitude de se croiser les jambes est à réprouver pour deux raisons : elle est incorrecte chez les femmes au point de vue du savoir-vivre ; elle est disgracieuse pour les deux sexes.

On est mieux assis lorsque les pieds posent à terre. S'ils n'y pouvaient atteindre, il faudrait remplir par un coussin le vide laissé entre eux et le parquet.

D'après une opinion, les pieds auraient une influence sur les mains ! Les gens dont les pieds sont bien posés ne seraient pas embarrassés de leurs mains.

Efforçons-nous de bien nous asseoir ; car à force de répéter une mauvaise habitude dans cette attitude — qu'on prend plus souvent que toute autre dans une journée, au moins généralement, — nous faisons perdre à notre corps toute son élégance ou toute sa distinction. C'est ainsi que l'abdomen remonte et que nos côtes finissent par tomber sur nos hanches... ce qui est un adieu à la grâce.

Il est inouï que les femmes ne prennent pas garde à la manière dont elles s'asseoient. Celle qui tient à offrir constamment à l'œil un aspect agréable s'assied de telle sorte qu'elle compose toujours un tableau charmant. Celle qui s'assied mal néglige d'employer la puissance de séduction, — faite de beaucoup de petites choses, — qui est en elle.

Façons de grande dame.

Il n'est pas indifférent de savoir monter en voiture et d'apprendre à en descendre.

Sous le second empire, la duchesse d'Is... était

citée pour la grâce et la dignité avec lesquelles elle savait quitter sa voiture et y reprendre place. A l'Opéra et aux Tuileries, beaucoup d'hommes attendaient son arrivée et son départ, pour jouir du spectacle qu'elle offrait en accomplissant l'une et l'autre de ces opérations si simples.

Pour descendre, en vraie grande dame elle ne se pressait jamais. Elle savait que trop de vivacité dans les allures dénote une imparfaite possession de soi-même. Elle avait vu les femmes qui se hâtent — sans motif souvent, — heurter de la tête l'embrasure de la portière et, du fait de leur brusquerie, se trouver décoiffées ou coiffées d'une façon burlesque. Elle n'avait pas non plus la maladresse de sortir d'abord de la voiture sa tête et son buste ; elle avançait le pied du même mouvement. Alors, rassemblant ses jupes dans une main, elle descendait *sans sauter*, avec une exquise tranquillité, une dignité charmante et sans pose.

Elle remontait dans sa voiture avec le même calme, posant bien le pied sur le seuil de la portière, se gardant de l'enjamber, comme on voit faire à tant de gens qui, du marchepied, atteignent tout de suite le tapis de la voiture.

La duchesse n'était pas moins renommée pour la façon dont elle entrait dans sa loge. Elle venait du fond jusqu'au bord sans avoir rien remué sur son passage, non même un petit banc. Parvenue à son siège, elle s'asseyait avec les mêmes doux et sinueux mouvements, sans faire le moindre bruit.

On voyait que cette femme avait horreur de la piaffe et qu'elle ne cherchait du tout à attirer l'attention. C'est à peine si on pouvait s'apercevoir qu'elle déposait sur le rebord de la loge sa lorgnette et son bouquet (c'était la mode d'apporter des fleurs au théâtre). Malgré son air modeste, tout le monde la remarquait, l'admirait, était près de l'aimer. Lorsqu'elle ouvrait son éventail et l'agitait, ce n'était ni avec la saccade, le geste nerveux qu'on peut reprocher à certaines femmes. Elle n'imitait pas non plus les Espagnoles, qui déploient et balancent pourtant l'éventail avec tant de grâce et de brio. La duchesse voulait être elle-même, avoir son charme propre. Et combien de mères disaient à leurs filles d'étudier la manière dont la duchesse se servait de l'éventail. Entre ses mains on n'en percevait pas le battement, tandis que d'autres femmes ne savent le manier qu'avec un bruit sec et fort désagréable.

LA BEAUTÉ DE LA FORME

Réforme de la structure.

Un corps mince mais bien proportionné est bien plutôt un avantage qu'une disgrâce. Dans le cas seulement où ce corps mince serait anguleux, trop maigre, il y aurait lieu de le réformer.

La maigreur se détruit par un régime diététique approprié, lequel régime arrive à la transformer en léger embonpoint.

Et quant aux mouvements maladroits, qui attirent l'attention sur les pointes et les angles, nous avons dit qu'on peut s'en rendre maître.

L'obésité est, beaucoup plus que la maigreur, redoutable à la structure humaine. Le surcroît inutile de chair et de graisse rend absolument informe. Il faut se condamner à un régime sévère et à des exercices pénibles pour se débarrasser de cette surabondance de matière.

Mais il est encore d'autres défauts de structure auxquels on peut remédier.

Vous êtes-vous avisé que le dos complètement plat est une véritable disgrâce physique? C'est ainsi pourtant et vous n'avez qu'à parcourir les expositions et les musées, vous verrez que ce dos est inconnu des sculpteurs de l'antiquité et qu'on ne le trouve pas non plus dans ces types de beauté que nous donne la statuaire moderne.

Donc, lorsque la nature nous a refusé cette courbe du dos qui est charmante, quand elle n'est pas trop prononcée, il faut chercher à l'acquérir par un exercice journalier, qui n'est ni long, ni fatigant.

Chaque matin, posez-vous devant votre miroir à trois faces pendant trois minutes, la nuque légèrement fléchie, les bras ramenés en avant. Examinez si la courbe obtenue par cette attitude est suffisante, et diminuez ou augmentez l'inclinaison du col et le croisement des bras.

Persévérez surtout. Ce n'est pas en un jour ni en un mois que vous obtiendrez le changement désiré. Souvenez-vous que les plus gracieuses de nos actrices ne sont pas telles que la nature les avait faites : elles ont changé entièrement d'apparence, non sans s'être livrées à des exercices pénibles, dirigées par de savants maîtres. Il ne s'agit pas pourtant de les suivre dans cette étude difficile, mais de se réformer autant qu'il est au pouvoir de toute femme.

Dos rond.

Bien plus souvent, le dos est trop rond ou menace de s'arrondir. Ce serait alors la fin de toute élégance. Toutefois, si le mal est pris au début, il peut être détruit rapidement. Une surveillance incessante sur le maintien diminuera et même fera disparaître cet excès de la courbe.

Il serait bon de se promener chaque jour, pendant une demi-heure, les bras croisés derrière le dos.

Mais si le dos est rond par nature et la poitrine plate et rentrée, ce qui est une vraie laideur chez la femme, on pourra encore acquérir la forme idéale en se livrant chaque matin, à la descente du lit, en simple peignoir, à quelques exercices enseignés dans les écoles de beauté.

Écoutez le professeur :

« Dressez-vous bien droite, unissez les talons, rejetez la tête en arrière, laissez pendre les bras le long du corps. Vous voyez, la poitrine se présente déjà en avant naturellement, c'est-à-dire sans que vous y songiez. La respiration devient aussi plus aisée et plus puissante. Faites une demi-douzaine d'aspirations. Maintenant, étendez les bras de toute leur longueur, à la hauteur des épaules, les paumes des mains appliquées l'une sur l'autre. Gardant les bras étendus, rejetez les mains en arrière, et de leur revers touchez vos épaules derrière. Ramenez à présent les paumes au-devant de la poitrine. »

On recommence l'exercice trente fois !

Second mouvement : « Portez les bras dressés, au-dessus de la tête, les paumes des mains en avant. Bien. Faites fléchir les hanches, non du tout les jambes ; maintenant, portez vos bras en bas, devant, en les gardant droits jusqu'à ce que les doigts touchent les orteils. Que les mains retournent très lentement à leur première position au-dessus de la tête. »

Ce second exercice, qu'il faut répéter vingt fois, paraît très difficile et même impossible au premier aspect. Toucher le parquet du doigt sans faire fléchir les genoux, comment faire ? Peu à peu, on réussit le mouvement très facilement, très habilement.

Troisième mouvement : « Placez les mains sur les côtés, les pouces en avant. Des côtés, portez les bras en haut, maintenant toujours les pouces en avant. Ramenez-les à leur première position, sans les laisser fléchir aux coudes. Accomplissez ce mouvement trente fois. »

On prétend qu'en persévérant dans cette gymnastique, on voit son dos se redresser, sa poitrine se gonfler; tout le corps prendre une position normale et la santé s'améliorer. De plus, grâce à ces exercices qui restent très féminins et qui suffiront à faire refleurir la beauté antique, on peut se passer du trapèze qui virilise toujours un peu.

Développement de la poitrine.

Celles qui ne se préoccupent que de faire gonfler la poitrine, ne commencent les exercices qu'au deuxième mouvement, elles y apportent ce seul changement de tenir les pouces fermés et les orteils écartés. Elles se redressent aussi très lentement.

« Ensuite, appuyées seulement sur la pointe des pieds, les orteils écartés, les talons joints, elles portent les bras en avant, à la hauteur de la ligne de la bouche, les paumes des mains posées l'une sur l'autre. Elles doivent ensuite jeter les bras derrière les épaules, en tenant la tête bien droite et les paumes élevées.

Il leur faut enfin étendre les bras comme précédemment, mais les poings fermés, puis les ramener à la ligne des épaules, avec les jointures en dehors; l'exercice se termine en jetant les bras au-dessus du front et les y tenant élevés, le corps dressé bien droit. »

On recommence vingt fois de suite l'exercice complet.

La natation et l'action de ramer sont des exercices excellents pour développer la poitrine, mais ils déplaisent à beaucoup de femmes et un grand nombre d'entre elles ne pourraient, au reste, s'y livrer. Ceux que nous venons d'indiquer sont à la portée de tout le monde et il est toujours facile d'en essayer.

Dans une famille où toutes les femmes ont un port de déesse, voici l'exercice qui est imposé aux fillettes, trois fois par jour, avant les repas. Elles doivent se coller à une porte, de telle sorte que leur dos, leur occiput, leurs coudes, leurs paumes et leurs talons touchent cette porte.

Il est impossible de les maintenir, en cette attitude fatigante, plus d'une demi-minute pour commencer; au delà d'une minute, ensuite. Après la dix-huitième année, cet exercice leur est devenu inutile. Jamais, dans cette famille, besoin n'est d'adresser l'injonction classique : « Ma fille, tenez-vous droite. »

Structure du visage et des mains.

La structure du visage peut être aussi entièrement modifiée, si l'on en croit les professeurs américains. J'ai dit, ailleurs, qu'ils se targuent d'être arrivés à corriger la forme du nez.

Le Nouveau-Monde ne pouvait en rester là. On a inventé, à New-York, des appareils en acier flexible, qui rendent au visage toute la symétrie détruite par un accident ou négligée par la nature.

Il existe encore une machine pour creuser des fossettes là où elles manquent! Une autre remet à leur place normale les oreilles qui baissent ou qui s'écartent trop de la tête.

C'est pendant la nuit, bien entendu, qu'on se soumet aux ennuis de ce travail de réforme. On parvient à dormir, assure-t-on, après avoir souffert pendant quelques nuits de la contrainte imposée à ces parties du visage.

Bien souvent on déforme son visage en lui imposant des mouvements et des contorsions, qui finissent, à la longue, par changer désavantageusement les traits les plus beaux. On n'est pas conscient, je le crois, de la plupart des grimaces que l'on fait : en avançant les lèvres en moue, en les mordant ou les plissant, en sortant sa langue ! en relevant ses sourcils, en mâchonnant ses joues, en tendant le menton de telle sorte que les mâchoires s'accusent fort désagréablement.

Le nez grossit, la plupart du temps, parce qu'on se mouche avec une énergie tout à fait inutile et avec une fréquence qui est l'effet d'une manie.

Il arrive aussi que l'on perde le sceau personnel dont chaque âme frappe le visage qui la manifeste, en s'efforçant d'imiter, pour son amusement ou celui des autres, les expressions comiques ou ridicules, menaçantes ou terribles, qu'on a remarquées en d'autres physionomies.

A s'exercer à ce jeu, on fait disparaître l'empreinte individuelle, c'est comme si l'on avait revêtu un masque sous lequel la personne vraie est dissimulée.

Ces mauvaises habitudes doivent être combattues avec douceur mais avec fermeté, par les parents, chez les enfants. Si on n'y prenait garde, elles arriveraient à défigurer le visage le mieux fait, les traits les plus purs.

Vous avez dû remarquer que beaucoup de mondaines, très bonnes exécutantes, renonçaient à jouer du piano. Cela venait de ce qu'elles s'étaient aperçues que l'action de frapper les touches déformaient le bout de leurs doigts (effet que produisent encore plus vite les machines à écrire). Pour conserver des doigts fuselés, on avait donc abandonné la musique. Grâce à Dieu (!) l'Amérique a trouvé le remède au mal. On peut désormais taper son piano pendant des heures; un appareil est inventé qui, porté pendant la nuit, détruit le mal fait pendant le jour.

On ne connaît pas toujours les causes des révolutions de la mode. C'est cette crainte de perdre la finesse des doigts, leur principale élégance, qui a rendu une faveur inespérée à la mandoline, à la guitare, à la harpe.

Ce qui est important pour une femme, c'est d'avoir des mains voltigeantes, légères, adroites, des mains dont l'approche est, pour les malades et les enfants, une joie, une caresse.

LES EXERCICES DU CORPS
ET LES SPORTS

La marche.

Parmi les exercices du corps, la marche est certainement l'un des plus salutaires, et il est heureusement à la portée de tout le monde.

Toutefois, les gens maigres doivent se borner marcher modérément et assez longtemps après avoir pris leurs repas; mais, par contre, aucune température ne les fera renoncer à la promenade journalière.

Les obèses trouvent dans la marche un des meilleurs remèdes à leur infirmité. Ils commenceront par de petites courses régulières. Par une gradation très douce, ils augmenteront toujours la longueur de leur promenade, jusqu'à ce qu'étant parvenus à une limite raisonnable, suffisante, ils s'y tiennent sans aucune variation.

Les gens « à point » doivent marcher, eux aussi, comme les maigres et les obèses, s'ils veulent se maintenir dans l'excellent état où ils sont.

En somme, tout le monde sortira chaque jour, pour le bénéfice de la santé morale et de la santé physique.

Quelques personnes diront : « Mais nous n'avons pas de temps à dépenser au dehors. » Si courte que soit la course au grand air, elle vaut mieux qu'une abstention complète. Ne vous laissez pas retenir au logis par une paresse qu'il faut vaincre. Sortez, ne fût-ce qu'un instant, on a toujours des achats à faire, des gens à voir chez eux pour une cause ou pour une autre. Vous saurez comme il est bon de respirer hors des murs où l'on vit, même pendant quelques minutes. On rentre avec un peu de sang aux joues, l'œil plus vif, l'esprit éveillé par les choses ou les personnes rencontrées, vues, observées.

Il est incontestable que les meilleures promenades sont celles qu'on fait dans la campagne, en pleine nature, tout enveloppé de calme et de sérénité, bien qu'on sente circuler autour de soi la vie active, ardente.

Mais on fait ce que l'on peut. Mieux vaut encore marcher dans une rue que de rester constamment enfermé dans un appartement.

Les Américaines... qui vivent en Amérique, perdent vite leur très réelle beauté par le défaut d'exercice. Elles manquent complètement d'énergie pour se remuer, à l'opposé de leurs cousines anglaises, qui tombent peut-être, il est vrai, dans un excès contraire.

Pour franchir la distance la plus courte, une Américaine demande sa voiture; toutes ses distractions sont choisies parmi celles qui n'exigent pas de mouvement, surtout celui de la locomotion. Il ne lui viendrait jamais à l'esprit de faire une excursion dans la campagne pour le plaisir de marcher.

Elle aime bien mieux s'étendre sur une berceuse, une rocking-chair, abritée sous la vérandah de sa maison ou de l'hôtel où elle vit avec mari et enfants, ayant horreur des soucis matériels, ne voulant pas se donner la peine de diriger un ménage.

Ces conditions de quasi-immobilité sont très défavorables à la beauté comme à la santé des filles de Jonathan.

La gymnastique et les travaux du ménage.

Quand la femme n'a pas trouvé la grâce dans son berceau, elle doit l'acquérir ; si les fées lui ont apporté ce don, enviable entre tous, elle doit le conserver précieusement.

C'est pour cette raison qu'elle n'entrera, dans aucun cas, en compétition avec l'homme.

Je suis peinée de voir la femme singer les allures masculines, suivre l'homme sur tous les terrains, aborder tous les sports violents. Au contraire, il me plaît de voir l'homme manifester sa force et sa vigueur. La force est sa beauté à lui, sa grâce propre.

La femme devrait s'en tenir aux exercices qui rythment les mouvements et n'exigent aucun effort musculaire.

On veut qu'elle conserve les dons exquis que Dieu lui a départis en la faisant d'une nature différente de celle de l'homme, en la douant de goûts opposés à ceux de son compagnon de vie.

Une harmonie existe dans le contraste voulu par la Providence, la femme complète l'homme, mais ne doit pas être sa ressemblance exacte : lui a reçu la force en partage, elle la grâce. Un peu de timidité lui sied, à elle, pour lui faire chercher l'appui du bras robuste de l'homme : On aime à se la représenter au foyer, près d'un berceau, une aiguille entre les doigts, ou embellissant la demeure et préparant la nourriture de celui qui lutte au dehors pour elle et pour les êtres nés d'elle et de lui.

C'est une loi divine, celle qui y manque pèche contre la Providence.

N'y a-t-il pas là une raison pour réprouver la gymnastique à laquelle se livrent les petites filles, les jeunes filles et les jeunes femmes ? Pourquoi ne pas lui substituer les travaux du ménage qui font aussi agir tous les membres ? Ils ont été, de tous temps, reconnus comme excellents pour la santé. Le balayage, l'époussetage, le blanchissage valent mieux que le trapèze et ne compromettent pas les mains davantage. A manier un balai et un plumeau les mains grossissent moins qu'à élever les haltères. Si elles rougissent, quelques soins, que j'ai indiqués ailleurs, auront raison de cet inconvénient, le préviendront même.

Au moins, les soins du ménage sont du ressort féminin, ils ont un côté utile et, tout en procurant au corps l'activité nécessaire, en donnant à la démarche la souplesse recherchée, ils n'entachent pas la tournure et les manières d'une désinvolture hardie, qui doit rester l'apanage de l'autre sexe.

Quand un médecin ordonne la gymnastique à une femme d'un âge mûr, il ne songe pas au ridicule dont elle se couvrirait en recourant à cet exercice. Mais elle doit tourner bravement la prescription comme une reine âgée du Nord qui, ne voulant pas entendre parler de corde lisse, s'est mise à faire « du ménage ».

Il n'y a qu'une chose à recommander, c'est d'exercer tour à tour les deux bras, en se livrant à ces occupations, pour garder au corps des proportions égales à droite et à gauche.

On en retire encore plus de profit si on laisse les fenêtres grandes ouvertes dans les pièces qu'on range et qu'on nettoie.

On s'imagine que ces travaux sont du genre trivial. Celles qui y sont astreintes par position de fortune seraient bien sottes de le croire et d'avoir honte. La trivialité est seulement dans la nature et dans les manières. Une femme masculinisée est beaucoup moins distinguée qu'une douce ménagère.

Il faut se consoler, au contraire, en pensant qu'on a trouvé dans ces soins qu'on prend et qui sont parfois pénibles, un exercice des plus salutaires, et qu'on reste femme, bien femme, plutôt délicate d'apparence. A quoi bon se faire des biceps masculins ? Ce n'est pas indispensable pour se bien porter et la force d'Hercule nous est inutile.

Cependant, nous allons paraître nous contredire en demandant aux mères de comprendre que les petites filles, comme les garçonnets, ont besoin de courir, de grimper, de sauter, de s'amuser sans contrainte : tous les jeux de cet âge répondent à ce besoin du corps en développement.

On permettra donc aux fillettes, comme à leurs frères, de jouir du grand air et du soleil. Leur teint brunira (signe de force), mais passagèrement, et elles gagneront vigueur et solidité, ce qui ne détruit pas la grâce naturelle — due à la liberté des mouvements, — et n'exclut nullement la finesse.

On ne saurait trop le répéter, il n'y a pas lieu de refréner la fougue innocente de l'enfance dans les jeux. On doit seulement surveiller ces jeux.

Exercices et jeux féminins.

S'il est regrettable de voir la femme s'adonner aux sports violents, qui font délaisser l'intérieur, il serait heureux au contraire qu'elle se livrât, dans ses heures de loisir, à des exercices et à des jeux qu'elle a peut-être trop délaissés.

On a, bien à tort, abandonné le jeu de boules auquel une femme âgée elle-même peut prendre part. Celui de la raquette et du volant est très gracieux, convient aux femmes jeunes et met tout le corps en mouvement. On peut bien aussi recommander le crocket.

Nous avons conseillé la marche. La danse est

encore un exercice excellent, d'autant plus qu'il est rythmé. On fera donc danser, aussi souvent que possible, les enfants et les personnes jeunes. Toutefois, il est bon de répéter que ce plaisir ne doit pas empiéter sur les heures que la nature a consacrées au repos et que s'il pouvait être pris au grand air, il serait mille fois plus salutaire.

Nous avons dit que les jeunes filles et les jeunes femmes qui vont souvent au bal et y passent la nuit dans une atmosphère viciée par des parfums différents, des respirations nombreuses et des senteurs diverses, y contractent ces terribles anémies qui sont longues à guérir, qui les emportent quelquefois.

On peut encore accorder l'équitation à la femme, sans crainte de la voir se viriliser... à la condition, bien entendu, qu'elle ne se prenne pas de cette passion hippique toute moderne, qui entraîne de si grands abus.

Encore, dans certains cas assez nombreux, fait-on mieux de préférer la promenade à pied. Et aussi aux approches de l'âge mûr, où l'habitude de monter à cheval aide au développement de l'embonpoint.

C'est pour cette raison que la première écuyère du monde, l'impératrice Elisabeth d'Autriche, a renoncé à l'équitation. Elle montait à cheval de telle façon qu'on se fut écrasé pour la voir passer ; mais elle s'est privée de l'admiration de ceux qui accouraient sur son chemin et d'un plaisir qu'elle mettait au-dessus de tout autre, le jour où elle s'est aperçue que sa taille de déesse menaçait de s'alourdir, que ses pures épaules de statue allaient épaissir, qu'elle grossissait « comme une vulgaire commère ».

A ce seul point de vue, on doit mettre en garde contre l'équitation. Mais le danger signalé n'existant pas pour les femmes jeunes, on peut leur permettre le cheval sans scrupule. Cet exercice ne les masculinise pas du tout, puisqu'elles n'y perdent rien de leur grâce harmonieuse, et qu'elles portent un costume qui conserve toute décence. Je n'ai plus qu'à ajouter qu'il faut apporter, en ce sport, comme en toutes choses, la modération qui sied encore plus à la femme qu'à l'homme.

Il y a aussi le patinage. Je déclare tout de suite qu'il est charmant de voir des femmes jeunes et gracieuses glisser sur la surface solidifiée des lacs en faisant penser à une ressemblance avec les oiseaux qui rasent les eaux pendant les jours d'été.

Comme ces oiseaux, elles font entendre de petits cris joyeux. Elles sont heureuses de filer rapides et vives sur l'étang glacé, portées par « l'acier ailé ». (C'est le nom que les Wendes donnent au patin.)

Leurs joues sont roses, leurs yeux brillent de l'ivresse de la course vertigineuse et sans obstacle.

J'avoue mon faible pour ce joli sport, auquel la neige et les grands sapins font, en certains lieux, un si poétique décor.

Toutefois, je ne vais pas jusqu'à réclamer les hivers « à la vieille mode », les hivers terribles, mortels aux faibles et aux malheureux, pour qu'on puisse patiner sans relâche comme en Hollande. En ce pays aquatique, les canaux gelés servent de routes aux paysannes qui apportent les produits des fermes à la ville. Il fait bon les voir pourtant, ces belles néerlandaises, qui portent lait, beurre et œufs sur la tête, — au-dessus de leur coiffe blanche à plaques d'or, — en glissant depuis leur village jusqu'au lieu de destination, sans s'arrêter.

L'aristocratie des Pays-Bas dédaigne cet exercice bien à tort. C'est en traîneau que les gens du monde dévorent l'espace sur les eaux prises. Est-il besoin de dire que les Américaines du Nord, — sauf les Canadiennes, — partagent ce goût d'indolents.

Sportswomen.

Le titre de sportswoman est un brevet d'élégance et d'aristocratie.

C'est donc beaucoup plus par snobisme que pour

satisfaire leurs goûts, que les mondaines nagent et rament, conduisent, montent à cheval et à bicyclette ; patinent et chassent ; font de la gymnastique et de l'escrime ; tirent au pistolet ; jouent au crocket, au tennis, au golf, etc...

Il leur faut encore suivre les courses, y parier ; s'adonner aux sciences hippiques. Vous entendez ces dames raisonner à perte de vue sur les performances d'un cheval, elles s'occupent du haras de leur mari autant que lui-même et visitent l'écurie aussi souvent que la nursery. J'allais oublier de dire qu'elles doivent être très fortes en navigation et mériter aussi le titre de yachtwomen.

Un assez grand nombre de femmes ne font plus consister leur ambition à être proclamées belles, aimables et « bien disantes ». Ce qui pose une mondaine, c'est d'être une « sportswoman de grande allure ». En conséquence, pendant les longues villégiatures, elles passent leur vie au dehors, sans souci du hâle qui s'étend sur les jasmins de leur teint, des tons de brique que prennent les roses de leurs joues.

Ce n'est que demi-mal encore quand elles adoptent ces distractions masculines par un amour mal dirigé pour leur mari, pour le quitter le moins possible. Mais il faut malheureusement reconnaître que ce sentiment les inspire assez peu souvent.

Les aïeules de ces sportswomen se seraient évanouies d'épouvante, d'autant plus qu'on s'évanouissait beaucoup en leur temps, si on leur avait proposé pareille vie.

Elles ne quittaient guère leur chaise longue ou leur fauteuil les mondaines d'autrefois, s'étudiant à offrir un aspect éthéré. N'était-il pas à la mode d'être pâle et poitrinaire ! — On ne disait pas phtisique.

C'était encore plus absurde, j'en conviens. L'humanité va toujours d'un extrême à l'autre. Bien rarement elle trouve le juste milieu et quand elle l'a trouvé, elle ne s'y tient pas.

Mais si les minaudières de la Restauration, les élégiaques de 1830 et les pimbêches de 1840 — il y eut toujours de ces groupes-types parmi les femmes simples et vraies, — étaient bien agaçantes et bien ridicules, fallait-il qu'elles fussent remplacées par ces demi-garçons qui nous occupent. Je suis loin de redemander les vapeurs, les airs angéliques ou la sotte pruderie, mais ces sylphes et ces collets-montés ne rejetaient pas au moins certains avantages et certains attributs de leur sexe.

Les Américaines, tout en voulant être au premier rang du progrès, tout en cultivant le snobisme plus encore que les Européennes, sont restées peu enthousiastes à l'égard des sports.

Elles conduisent, mais on ne trouve pas d'écuyères parmi elles. Il ne faut pas leur parler de ramer ou de nager, elles préfèrent se balancer, « belles d'indolence », dans leur hamac luxueux.

Le tennis est peut-être le seul jeu « fatigant » qui ait été adopté aux États-Unis. Le golf et le polo n'y auront jamais de succès. Et encore joue-t-on assez languissamment au tennis.

Les jeunes misses sont quelquefois séduites par les arts... qui n'exigent pas de déplacement. Couvertes de dentelles et de diamants, il leur plaît de barbouiller des toiles qu'elles envoient aux Expositions privées. Ou bien elles plaquent le piano de longs accords, chantant pour Charlie le « *Sweet Home, sweet Home* ».

Mais lorsque ces nonchalantes quittent le Nouveau-Monde au bras du mari qui leur a posé une couronne héraldique sur la tête, il leur faut renoncer à cette vie de repos et se mettre à la hauteur des préjugés de la vieille Europe, devenir une sportswoman, c'est-à-dire une sorte de compromis entre la femme et l'homme.

La femme qui chasse.

De tous les sports critiqués en bloc, voici le plus condamnable, celui auquel la femme devrait rougir de se livrer, qu'elle devrait sacrifier, pour qu'on lui pardonnât ou lui accordât les autres.

Je sais bien que c'est une déesse qui protégeait la chasse dans l'antiquité grecque et romaine et que la mythologie du nord dédiait également les plaisirs cynégétiques à une divinité féminine.

Ce n'est donc pas d'aujourd'hui que les femmes chassent.

Les châtelaines du moyen âge, avec les chevaliers, les « Dames de la Cour » ensuite, avec les seigneurs, poursuivaient les fauves sous bois. L'impératrice Eugénie était une chasseresse intrépide et entraînait derrière elle tout un escadron de jeunes femmes, avides de se livrer à ce sport sanglant. La reine Isabelle, entourée de ses dames d'honneur, chassait encore il y a une dizaine d'années, en jupe écourtée et jaquette dégagée.

L'équipage de la duchesse d'Uzès est célèbre au point de vue de l'élégance et des prouesses.

Toutes les mondaines rêvent des honneurs du pied; toutes les élégantes aspirent à tirer leur lapin.

Eh bien! on va me trouver « petite bourgeoise », « pas fin de siècle », « niaise », mais je dirai quand même que ce passe-temps ou ce sport est anti-féminin essentiellement, et que je tremble en pensant à celle qui chasse pour son plaisir, par mode ou par snobisme, qui trouble, pour de tels motifs, l'harmonie de la nature en mettant fin à des vies innocentes. Quelqu'un a dit : « Cette femme pleurera. »

Je sais fort bien que, si on laissait subsister tout le gibier, ce serait, sans doute, mettre l'humanité en question ; il ne demeurerait pas un épi de nos moissons. C'est de la lutte pour la vie qu'est née la chasse, notre existence est certes plus précieuse que celle des lièvres et des lapins. Et puis, jusqu'au jour où nous serons tous végétariens, ces tueries augmenteront les ressources de notre table. Mais, de grâce, que les femmes abandonnent à l'autre sexe cette œuvre de destruction ou d'approvisionnement, comme elles lui laissent, sans scrupule, d'autres rudes charges, d'autres durs travaux.

J'irai même jusqu'à déclarer, sans cure ni souci des rires masculins, que je voudrais voir les hommes chasser, non plus pour contenter un instinct cruel, satisfaire une passion brutale et atavique, mais avec le seul désir d'être utile à leurs semblables. On m'a assuré que, chaque fois que les Arabes du désert abattent un gibier, ils demandent pardon à Allah de donner la mort à une de ses créatures. Cela ne semblerait-il pas indiquer qu'il n'est pas bien certain que nous ayons le droit de prononcer sur le sort des animaux, nos frères inférieurs, hors les cas de légitime défense et de nécessité absolue ? Dans tous les cas, il me paraît souverainement révoltant de voir une femme ajuster de sang-froid la gaie alouette, qui montait vers le ciel en faisant sa prière, comme disent les paysans de l'Isère, ou un innocent lapin, qui broutait tranquillement le serpolet. En ce pauvre rongeur, elle a peut-être atteint une mère que ses petits attendront en vain dans le terrier, où ils mourront de faim et de froid, privés du lait maternel et de la douce chaleur de la nourrice.

Le violent Luther plaignait bien le gibier ! Il déclarait que c'est une viande mélancolique, et il ajoutait : « Cela vient de ce que les pauvres bêtes sont toujours dans la crainte du danger et toujours pourchassées. »

Il n'y a aucune sensiblerie à souhaiter que la femme reste tendre, pitoyable à toutes les créatures. J'estime qu'on doit la détourner d'un sport où elle s'endurcit et qui renferme, pour elle, d'autres dangers encore.

La voyez-vous s'en allant sous bois avec les hommes, fusil en bandoulière, en costume court et semi-masculin ! Et que pensez-vous de la camaraderie qui résulte de cette conformité de goûts, d'habitudes et d'occupations ? Car on ne va pas traiter ce gentil compagnon, qui épaule, vise, tire...

et tue comme un homme, à l'égal de la femme qu'on trouve en son salon *armée* de l'éventail, ou, mieux, qui garde le logis, si ce n'est pour filer la laine, au moins pour surveiller la maison et élever les enfants. On s'imagine avoir à ses côtés un charmant gamin, qu'on protégera au besoin parce qu'il est moins robuste que ses aînés, mais qui peut tout entendre, tout voir, tout dire. On ne croit pas ou on ne pense pas à sa candeur. Et puis, tant pis... « fallait pas qu'elle y aille... » avec les hommes !

C'est à l'aristocratie anglaise que nous devons, en ce qui concerne notre époque, l'... intrusion de la femme riche dans tous les sports. Les ladies ont surtout une véritable passion pour le *fox-hunting*. Elles assistent avec un sang-froid remarquable au baptême cynégétique de leurs *boys*, peut-être l'ont-elles subi également, quand elles n'étaient encore que des *girls*. Ce baptême consiste à asperger, du sang du renard tué, le visage et les mains des garçonnets qui suivent la chasse pour la première fois. N'est-ce pas hideux ? Une femme de France reculerait d'horreur, je veux le croire.

Et pourtant, il en est, chez nous, qui frappent du couteau le cerf ou le chevreuil palpitant, réduit à l'impuissance, le cerf ou le chevreuil qui pleure !... semble implorer !...

Non, je l'avoue, je ne suis pas « fin de siècle ».

Je suis, sans doute, du siècle prochain, où le cœur ira s'attendrissant toujours sur toutes les souffrances et toutes les douleurs... où l'esprit envisagera toutes choses plus gravement.

Mais si ces considérations ne pouvaient faire jeter au loin le couteau de chasse et le fusil, il en est une qui devrait retenir les Dianes.

Cet exercice fatigant qu'est la chasse, met en péril la beauté et la santé. Une femme n'est pas faite pour sauter pendant des heures sur le dos d'un cheval, ou pour faire des lieues à pied dans les guérets.

L'épiderme délicat que Dieu a bien voulu lui départir, supporte mal les caresses ardentes et prolongées du soleil et les morsures de la bise, nous l'avons beaucoup répété. De plus, à vivre comme les hommes, elle prend leur rudesse; sa grâce native disparaît, sa distinction est fort entamée. Son œil se durcit, sa démarche se raidit. Sa voix devient plus forte, son geste plus brusque. Sa musculature se développe en mauvais sens : les épaules s'élargissent, les flancs, les divins flancs qui portent l'homme, se rétrécissent. La finesse d'esprit diminue avec la sensibilité. Et il ne reste qu'un être hybride... qui devient tout à fait déplaisant avec les années.

Le cyclisme.

Voici encore un autre sport qui est en train de tuer la femme.

C'est au figuré que je parle, car, si quelques médecins prétendent qu'il est nuisible, d'autres assurent qu'il est sans danger.

Je ne m'en occuperai donc pas au point de vue de la santé. Mais à celui de la réserve féminine et de l'élégance du corps, je donnerai mon opinion.

Cet exercice ne peut qu'être désavantageux à la structure humaine, à la rectitude du maintien. Voyez les cyclistes penchés, courbés en avant pour fendre l'air plus facilement, je crois fermement qu'à la longue, ils s'inclineront à pied comme sur le cycle, sans pouvoir plus se redresser souples et gracieux.

Sous le costume semi-masculin, sur cette monture d'acier, la femme offre trop de ressemblance avec son mari ou son frère, jusque pour la tournure, lorsque, descendue du cycle pour gravir une côte, on la voit marcher à longues enjambées, qu'elle ne connaissait pas sous le costume de son sexe.

Elle est bien peu séduisante cette femme nouvelle, — être neutre, plutôt, avec son ton hardi et sa tournure cavalière. Le prestige, vieux de six mille ans, qu'on reconnaissait aux filles d'Ève disparaissait un peu chaque jour. Le cyclisme va lui porter un coup définitif.

Il faut pardonner pourtant à quelques-unes de nos sœurs. J'en connais, qui n'ont pas voulu ou pas osé déplaire à leur mari en refusant de partager son exercice favori, ou qui, en l'accompagnant dans ses promenades à bicyclette comme partout, essaient de le préserver de contacts malfaisants. Ces femmes-là sont à excuser ou à plaindre. Je ne prends à partie que celles qui ont voulu ajouter à leurs plaisirs et trouver une occasion de plus de déserter la maison, où leur présence est toujours si nécessaire.

Je n'ose espérer que ces dernières renonceront, à ma voix, au sport favori du moment. Je me bornerai à leur offrir quelques conseils qu'elles suivront peut-être.

On assure qu'une femme ne devrait jamais faire à bicyclette plus de trente-deux kilomètres dans la même journée. Et encore lui faut-il choisir ses routes. Les moins accidentées sont, naturellement, celles qui lui conviennent le mieux. Essayer de gravir les montées sur la bicyclette, comme on voit faire à quelques folles jeunes filles, augmente bien la fatigue déjà grande de cet exercice, qui devrait être interdit aux femmes jusqu'à la vingtième année au moins, de l'avis d'un médecin.

Enfin, puisqu'il n'y a pas trop à espérer qu'on renonce à la bicyclette, il faut réclamer l'amélioration du siège, pour la femme — qui doit exiger qu'on le lui établisse très doux.

La femme qui fume.

A partager les habitudes, les plaisirs, les exercices de l'homme, la femme contracte vite le besoin de fumer comme lui. C'est pourquoi je place ce chapitre après celui des sports.

Je sais bien qu'en certaines parties de notre littoral, qu'en Suisse et en Belgique, beaucoup de femmes des classes pauvres fument la pipe, non pas de temps immémorial, mais depuis fort longtemps déjà... et que ce sont de braves créatures.

Je n'ignore pas que les Orientales de marque — et les autres, les dames russes les plus distinguées (chez elles), les espagnoles, les cubaines et les autrichiennes fument avec délices.

On me crie qu'aux mondaines qui fument à qui mieux mieux, l'exemple vient de haut.

Je sais tout cela et je vais le prouver : malgré la réprobation de François-Joseph, l'impératrice d'Autriche est une fumeuse convaincue. Elle consomme quarante cigarettes russes par jour, aussi porte-t-elle au pouce et à l'index la tache jaune qui témoigne de sa passion pour le tabac sous cette forme de la cigarette. De plus, pour assurer sa digestion, Sa Majesté apostolique se croit obligée de tirer, après chaque repas, quelques bouffées d'un long cigare assez grossier, de fabrication italienne.

La tzarine douairière fume beaucoup, elle aussi, dans la solitude de son boudoir mauresque.

La reine d'Italie avoue tout haut que la plus grande privation qui pourrait lui être imposée serait celle du tabac.

Il faut à la régente d'Espagne des cigarettes de provenance égyptienne, et c'est un des bonheurs du petit roi d'allumer la cigarette de « maman ».

Je pourrais citer beaucoup d'autres dames illustres, et je n'ai pas oublié non plus que la femme du petit-fils de Louis XIV eut un jour la fantaisie de faire prendre des pipes au corps-de-garde des Suisses.

Mais cette énumération ne donne pas raison aux fumeuses. Toutes ces femmes de rang suprême ou d'humble degré social ont tort, cent fois tort. Il suffisait que les individus du sexe fort fussent intoxiqués, la femme devait repousser le poison de la nicotine comme elle résiste à d'autres besoins que leurs frères ou maris se sont créés.

J'ai entendu les hommes féliciter les femmes qui fument : « Vous tenez cette cigarette entre vos doigts avec une gentillesse charmante. » « Vous lancez la bouffée de tabac d'une façon adorable? » Et l'on s'est crue encore plus séduisante. Mais les hommes sont-ils sincères? La parole leur a été donnée, dit-on, pour dissimuler leur pensée.

« Plus la femme est femme, plus l'homme l'aime. » La femme se masculinisant toujours plus, l'homme n'a que trop de penchant, en notre temps, à la traiter en camarade plutôt qu'en *compagne*.

Pour cette raison qui prime tout et pour d'autres que nous allons donner, la femme devrait renoncer à fumer.

Le mouvement d'aspiration en avant, le mouvement de recul qui suit, celui qu'on fait pour exhaler la bouffée de tabac, changent peu à peu la forme de la bouche, font naître les rides autour des lèvres.

Les dents jaunissent et les doigts... je l'ai dit.

La personne entière de la femme devrait fleurer un parfum délicat, la senteur peu agréable du tabac masque complètement celle du lilas ou de la violette.

Mais il existe encore d'autres et importantes

raisons pour justifier mon intolérance. En vivant à la manière les hommes, les femmes sont bien près de rejeter toutes les sujétions imposées à leur sexe, fort sagement le plus souvent car elles préservaient de toute atteinte nos meilleurs dons et les qualités qui nous faisaient aimer. Espérons que cette vilaine habitude disparaîtra, comme a disparu celle de prendre du tabac et de posséder des tabatières merveilleuses... auxquelles ont voulu faire concurrence les très précieux attirails des fumeuses.

L'ART DE S'HABILLER

La science de la toilette.

« Un habit magnifique, dit un vieil auteur, donne de la grâce et de la dignité à une personne, qui est d'ailleurs bien faite (ajoutons : ou qui s'est réformée), car autrement on ne dit pas alors qu'il y ait de la bonne grâce dans cet ajustement, qui, pour si précieux qu'il soit, ne peut donner cette bonne grâce. C'est une qualité de la personne, c'est son air, sa manière où est le fond de sa bonne grâce, mais elle reçoit un grand relief par les accompagnements avantageux. »

Pour que « l'accompagnement » soit avantageux, il faut bien se connaître.

On dirait que beaucoup de femmes ignorent qu'elles sont grandes ou petites ; on croirait qu'elles n'ont jamais regardé leur visage ; qu'elles ne savent pas si leur teint est clair ou bistré, si leurs cheveux sont blonds ou noirs.

Il n'est pas besoin pourtant de passer de longues heures devant un miroir pour prendre une idée de soi. Mais, si on s'étudie, il est bon aussi de ne pas s'illusionner, de ne pas vouloir se persuader qu'on n'est pas si petite qu'on le dit; qu'on est encore mince, alors qu'on a grossi; qu'on est fraîche quand les traits ont pâli. Au contraire, il faut se voir telle qu'on est, absolument telle, et ne pas se désoler sottement si l'examen n'a pas réalisé l'espoir qui subsistait encore au fond du cœur. Il n'y a qu'à prendre la résolution de s'habiller en raison de l'aspect qu'on offre, pour mitiger toutes ses imperfections par une toilette raisonnée.

Bien souvent on achète robes, vêtements et chapeaux pour le joli aspect qu'ils offrent, mais sans se demander aucunement si leur forme et leur couleur seront adéquates à la personne qu'ils doivent habiller.

C'est une erreur contre laquelle je veux mettre les femmes en garde, fallût-il faire tête à la mode, si cela était nécessaire.

Des pieds à la tête.

On n'entend presque jamais jeter une note discordante dans le concert qui célèbre la mode.

Personne n'a le courage de dire à la femme que, sous les ajustements qu'elle portait hier, qu'elle porte aujourd'hui, qu'elle portera demain, elle n'est *jamais* ni aussi séduisante ni aussi charmante qu'on voudrait le lui faire croire. Achevons notre pensée, celle du grand nombre : presque toujours la mode fait de la silhouette féminine quelque chose d'absolument grotesque. L'habitude seule empêche la plupart des gens de s'apercevoir du défigurement auquel la femme est condamnée par la volonté de messieurs les couturiers, dont elle n'a pas le courage de rejeter le joug détestable.

Ah ! nous sommes loin du noble costume antique ! Les artistes, s'ils regardent et comparent, doivent pleurer d'amères larmes ! Mais tous, profanes ou autres, voyons venir une femme de loin et constatons l'erreur qu'elle représente de la tête aux pieds.

Les poètes, qui nous ont toujours flattées, appellent la femme « chef-d'œuvre de la création ». Si le sculpteur divin en la pétrissant d'un peu d'argile fit une merveille, il ne doit plus reconnaître son œuvre probablement.

Il avait donné à l'être féminin les larges flancs qui doivent enfanter, les frêles épaules qui ne doivent pas fléchir sous les fardeaux, nous changeons tout cela au gré de notre caprice. Il nous arrive d'enserrer si étroitement nos hanches, que nous en prenons un aspect masculin, il nous plaît de développer nos épaules au moyen d'artifices, jusqu'à donner à notre buste les proportions de celui d'un hercule.

La ceinture tiendrait dans un collier, c'est désolant pour le regard qui cherche un aspect sculptural. Mais peu de femmes ont le sentiment, la compréhension du beau, qui est le vrai art. Combien sont-elles qui accepteraient la structure de la Vénus de Milo ? Elles considèrent la divine ampleur de ses hanches comme une inélégance, aussi pour ne pas lui ressembler (!) se serrent-elles à outrance dans leur corset, ce qui nous vaut le désolant spectacle d'épaules haussées, de hanches pauvres, plates ou osseuses.

Les bras ont, tour à tour, un aspect mesquin sous des manches absolument collantes ; ou voilà le corps ridiculisé grâce aux ballons qui, sous prétexte de manches, s'enflent de chaque côté du buste. Bien rarement le bras est habillé à son avantage.

Au-dessus du buste s'agite une tête toujours singulièrement coiffée. L'ornement naturel et royal de la femme, la chevelure, sombre ou dorée, dont elle devrait se faire une auréole, à la convenance de son visage, est tordue, resserrée d'une façon disgracieuse, ne formant pas cadre, ou on l'éparpille d'une manière bizarre et peu seyante.

Quant au chapeau qui couvre ces cheveux, il est rare qu'il soit avantageux à la beauté de celle qui le porte.

Le pied qu'on aperçoit sous la jupe — laquelle se gonfle parfois démesurément — n'est pas mieux traité. On peut même dire que la cordonnerie civilisée lui a fait perdre toute sa beauté naturelle.

La chaussure, qu'elle soit pointue, ronde ou carrée, n'est jamais appropriée au pied. C'est toujours une prison étroite, qui n'est pas à sa forme, où il souffre mille tortures et perd bientôt toute son élégance primitive.

La nature seule est belle, cependant. Pourquoi enfreindre ses règles ? Le vêtement, mesdames, doit suivre exactement les lignes du corps humain. Alors, il le dessine dans toute sa grâce ou toute sa majesté. Si vous faites bon marché de cette condition rigoureuse, si vous défigurez la forme qui nous a été départie par la sagesse absolue, c'est renoncer à l'harmonie qui est la vraie, l'unique beauté.

Est-ce à dire que toutes les femmes soient bien aises d'être ainsi enlaidies ou ridiculisées ? Assurément non ; quelques-unes parmi nous sont douées de bon sens. Mais aucune ne proteste et les plus sages s'inclinent devant des lois édictées par des couturiers et des modistes en délire.

Elles se consolent en pensant que la mode est changeante. Elles devraient savoir que les inventions qui suivront ne seront pas moins laides et monstrueuses. Et puis, ils ont de graves, de terribles inconvénients, ces fréquents et soudains caprices de la folle déesse.

Mais il serait long, ce sujet. Faisons seulement remarquer la courte durée des heureuses conceptions (il y en a quelquefois). D'où vient cela ? Je crois le savoir. La masse ayant le sens du beau adopte tout de suite le vêtement, l'ornement qui paraît satisfaire aux règles de l'art et de la nature. Mais un matin, couturiers et mondaines, en s'éveillant, constatent — voyez la surprenante et touchante télépathie, — que le costume s'uniformise, se démocratise : « Grand Dieu ! s'écrient les mondaines, voici que nous ressemblons à tout le monde, pareille chose est-elle admissible ? » — « Seigneur ! cela est impossible à supporter, disent les gens de métier. Parce que nous n'avons pas craint d'être artistes une fois en notre vie, nous récompenserez-vous par la ruine ? C'est joli, on n'aurait qu'à s'y tenir. Un costume national, universel, ce n'est pas ce qui nous ferait milliardaires. »

Et de concert, unis contre la foule, on lance quelque chose de nouveau qui ne soit, de quelques semaines, accessible au vulgaire. Mais les « femmes de la foule » ne veulent pas être distancées. Porter une robe démodée de quelques jours, cela constitue une sorte de déchéance. Alors, d'un effort souvent bien rude, on fait cesser la différence établie entre la toilette de la duchesse et celle de la petite bourgeoise.

Tout est à recommencer. Le même cri d'alarme retentit : du nouveau, du nouveau !

Il faut bien tomber dans l'absurde et l'invraisemblable. Les bonnes idées ne courent pas encore journellement le monde.

Et personne ne trouvera stupide de se soumettre à cette tyrannie de la mode ! Pas une femme, en haut ou en bas de l'échelle, n'aura le courage de dire : Je veux choisir par moi-même ; me parer, non comme ma voisine qui est mon antithèse, mais selon mon genre de beauté... et selon mes moyens de fortune.

O pauvre esprit moutonnier des femmes !

Eh bien ! je m'adresse à une mondaine. Il y en a bien une qui frémira en voyant le précipice qu'elle creuse, par son caprice et sa vanité, devant les pas de la femme pauvre et coquette. Ne voudra-t-elle pas l'en détourner en donnant un haut exemple de raison et de goût ?

Une mode pour chacune et non pour toutes.

Où l'anarchie serait acceptable, devrait régner sans répression et sans conteste, c'est certainement dans l'art de s'habiller. Et qui réclame cette liberté, cette licence, si ce n'est l'esthétique ? En effet, celui qui possède le sentiment du beau sait qu'en fait de toilette, il faut opérer solitairement ou par groupes. Prétendre nous régir toutes sous une loi uniforme, arbitraire, — parce qu'elle est contraire à nos tendances, non à nos statures, allures, teints et structures, — c'est, en vérité, un état de choses que la coquetterie aurait dû, depuis fort longtemps, combattre, anéantir, si ce n'est à coups de bombes, à coups de railleries mordantes, de moqueries sanglantes, armée du bon sens, qui est toujours doublé du bon goût.

Au lieu de courber la tête devant ces tyrans qui ont nom couturier et modiste, tyrans qui obéissent eux-mêmes à de gothiques et absurdes préjugés, qui cultivent l'affreuse routine, nous devrions lever l'étendard de la révolte et... nous parer à notre guise. Quelle joie de faire, en ce vaste champ de la toilette, ce qui conviendrait le mieux à notre beauté, ou ce qui atténuerait le plus notre laideur !

Depuis le jour où j'ai pu garder souvenir d'une robe ou d'un chapeau, je n'ai jamais été habillée une seule fois d'une façon qui m'ait entièrement satisfaite. Tantôt c'est un chapeau créé par une cervelle affolée qui me déplaît ; le lendemain, c'est le chignon grec. Pour une jolie façon de robe, trouvée par hasard, il faut en même temps subir un horrible manteau. Si j'aime ma jupe, mes manches me paraissent grotesques ; si j'approuve une fanfreluche, il me faut anathématiser la forme du corset. Enfin, il ne m'est jamais possible de me déclarer contente de ce qui se fait, la question toilette étant très sottement comprise.

Et le remède ? va-t-on dire. Très simple, très facile : il ne s'agit que de suivre *sa* mode, non *la* mode. Je suis petite et mince, vous me condamnez à porter la même robe que ma voisine grande et forte. Est-ce équitable, cela ? Ou c'est elle qui est obligée d'adopter la robe qui me convient et ne lui va pas du tout. Car il y a des injustices pour toutes, en l'état actuel de la... mode. Une brune ne peut accepter les couleurs des blondes, ni non plus se coiffer comme elles ; les chevelures sombres ne supportent pas le même arrangement que les chevelures claires.

Cependant que se passe-t-il ? Toutes les femmes, petites, grandes, moyennes, sont décrétées hors la loi, c'est-à-dire hors l'élégance, criminelles, c'est-à-dire excentriques (rien n'est aussi dangereux, affirme-t-on), si elles ne se soumettent pas, si elles n'acceptent pas avec enthousiasme les jupes, manches, corsages — pour toutes les mêmes — décrétées par les tyrans déjà nommés.

Une année, les cous de cygne sont désavantageusement dégagés et les cous de pigeon triomphent. L'année suivante, les cous de pigeon s'engoncent, à leur grand dommage, dans la collerette qui sied aux cous de cygne. Ou le vert est la couleur hors laquelle il n'est pas de salut. Pour un teint idéal qui peut l'affronter, voici cinquante femmes noircies, brunies ou jaunies. L'ordre est de s'enlaidir pendant six mois... un siècle!

Mais il y a quelque chose de pire : les vieilles femmes doivent s'habiller comme les jeunes. Il n'y a pas une mode pour les grand'mères et une mode pour les petites-filles. Celles-là sont vêtues comme celles-ci. Il vaudrait encore mieux obliger les petites-filles à copier la mode des grand'mères. Les jeunes femmes se tireraient du mauvais pas et au moins les vieilles femmes ne perdraient pas le respect qu'on ne peut leur conserver en les voyant sous les mêmes ajustements que les filles de leur fille.

Allons, mes sœurs en servitude, un peu d'énergie, faisons notre pronunciamento. Dès aujourd'hui, étudions-nous bien, consultons courageusement notre miroir et nos véritables amis. Essayons tout ce qui peut nous embellir, rejetons impitoyablement tout ce qui nous fait perdre le moindre de nos avantages. Si nous trouvons que les cheveux descendant sur la nuque font valoir la forme de notre tête, répudions le chignon à la grecque. Ne tordons pas notre chevelure si sa texture réclame le flou ; ne la nattons pas si les boucles lui conviennent mieux : n'en dégageons pas notre visage, s'il a besoin d'en être accompagné, encadré ; mais dévoilons notre front s'il est bien pur. Moulons un bras de statue dans une manche juste ; dissimulons un gigot informe ou un manche à balai dans une manche de quelque ampleur.

Allongeons une taille courte, sans souci de la mode Empire ; raccourcissons un trop long buste, sans avoir nullement cure de la vogue accordée aux corsages de sainte de vitrail.

Si notre visage est large, repoussons opiniâtrément les petites capotes et les toques minuscules. S'il est étroit, très mince, ou si la mine est un peu chafouine, prenons garde aux chapeaux à grands bords.

Avec de courtes jambes, ne nous encerclons pas

de volants. Si nos hanches sont un peu hautes comme celles de Diane, refusons-nous ces formes de jupes qui tendent à allonger encore.

Si nous avons un beau cou, ni court, ni démesuré, montrons-le, dédaigneuses des ruches monstrueuses. S'il est imparfait, dissimulons-le sous de coquettes encolures. Si notre tête s'enfonce dans les épaules, échancrons notre corsage, quoi qu'on pense.

Avec un teint pâle, gardons-nous des nuances qui conviennent à celles qui sont fraîches comme les roses ; rouge, redoutons ce que supportent les teints de camélia.

La fantaisie et l'esprit de chacune aidant, on arriverait à un résultat bien intéressant. Chaque femme resterait elle-même, garderait l'aspect qui lui est propre. Il y aurait entre toutes — même s'il se formait des groupes de types semblables, soumis à un seul modèle — des différences exquises, des nuances adorables. Les femmes pratiqueraient enfin le grand art, qui est le respect de la nature et du vrai.

Mais, objecte-t-on, on devrait, alors, réaliser de ses mains les modèles que couturier et modiste auraient à exécuter servilement (à leur tour), et toutes les femmes ne seraient pas capables de ce travail. Qui les empêcherait, dans ce cas, d'avoir recours à un dessinateur auquel elles feraient comprendre leurs idées? Ne vous récriez pas devant la dépense qui résulterait de l'appel d'un artiste en tiers. *Votre* mode ne pouvant avoir l'éphémérité de *la* mode, la durée des ajustements conçus dans cet ordre d'idées compenserait vite le prix plus ou moins élevé réclamé par le peintre.

La femme, ayant trouvé les rites du culte véritable de sa beauté, ne fréquenterait plus les temples du faux dieu Caprice inventé par messieurs de l'aiguille et du ciseau pour s'en faire d'énormes rentes. Ayant compris la liberté, elle n'irait plus tendre son cou au collier d'esclavage, tout doré et gemmé qu'il pourrait être. Du mariage de la raison avec le goût régénéré naîtrait sûrement l'économie.

Les maris peuvent, en toute sécurité, prêcher l'anarchie... dans la toilette.

Toilettes-portraits.

C'est sous une inspiration de ce genre que, toujours un peu indépendantes en fait de toilettes comme pour toute autre chose, les Anglaises avaient eu l'idée du *picture-hat* (chapeau copié sur quelque portrait célèbre). Elles le portaient en dépit de la mode, pourvu qu'il les coiffât bien, qu'il fût à l'air

7.

de leur visage. Mais elles ne s'inquiétaient pas d'y assortir le reste du costume. Aussi cette hardiesse, qui pouvait être heureuse, n'eut-elle aucun succès : pour réussir, il lui aurait fallu la sanction d'un goût véritable.

Les idées de quelque valeur ayant toutefois chance de germer, il arrivera, je l'espère, que plusieurs grandes dames de France méditeront sur le *picture-hat*. Et elles se convaincront qu'il serait fort intelligent de prendre elles-mêmes leurs inspirations de toilettes devant les toiles des maîtres illustres.

Alors, certaines d'être suivies, leur position sociale les mettant bien en vue, leur beauté et leur élégance leur assurant un empire absolu sur leurs contemporains, elles prendront la résolution de ne plus se laisser asservir par la mode, de s'habiller chacune selon son goût et son type.

Elles voudront essayer tous les styles ; elle chercheront celui qui s'harmonisera le mieux à leurs grâces et à leurs charmes, pour s'y tenir quand elles l'auront trouvé — et après l'avoir débarrassé de toutes les excentricités, de toutes les monstruosités dont les couturiers de tous les temps ont affublé les meilleures inventions des artistes.

Ce serait une petite révolution. Elle commencerait dans les salons, mais elle descendrait sûrement dans la rue. Le drapeau du goût ne saurait se contenter de déployer ses couleurs sous les plafonds dorés, il veut flotter aussi sous l'azur du ciel.

Nous rencontrerions donc de vivantes « Marie-Antoinette », des « Catherine de Médicis » descendues de leur cadre, des « Marguerite de Navarre » allant et venant. Mais bien plus jolies, bien plus gracieuses, parce que, de leur parure, on aurait éliminé tous les ridicules et toutes les laideurs.

Les couturiers se désoleraient. Et pourquoi ? Parce que les femmes échapperaient à leur tyrannie, commanderaient au lieu d'obéir ; parce qu'elles voudraient être belles à leur goût, et non plus à celui des despotes qui s'amusent, semble-t-il, à défigurer la forme humaine, le plus souvent.

Comme ils sont aveugles dans leur égoïsme ! Au point de vue du profit, ils n'auraient pas tout perdu, puisqu'il faudrait toujours recourir à eux pour exécuter les toilettes esthétiques qu'on aurait rêvées, ou qu'on voudrait copier. De simples industriels qu'ils sont, on pourrait les élever au rang d'artistes. Eux aussi, à condition qu'ils comprennent, ils pourraient composer des tableaux comme les peintres, surtout s'ils arrivaient à une entente avec les coiffeurs et les modistes. Ces tableaux vivants, l'aquarelle pourrait les immortaliser : plus d'une mondaine se fait déjà portraicturer, chaque fois qu'on lui réalise un costume selon ses goûts.

Plus d'une se compose un album avec les échantillons des tissus dans lesquels on a coupé ses robes et les accompagne d'une photographie indiquant le dessin de sa toilette, et d'une foule de renseignements complémentaires.

C'est pousser un peu loin l'amour de la parure, mais, après tout, il vaut peut-être mieux accumuler ces souvenirs-là que d'autres. La distraction, pour être frivole et assez puérile, reste encore innocente.

Grâce à la toilette-portrait on aurait une charmante, une émulante diversité dans le costume féminin ; plus d'une pourraient être simples, selon leurs goûts et leurs ressources.

Nous ne serions plus toutes des sœurs tristement contrefaites sous le même ridicule vêtement. Nous aurions chacune notre allure propre, et notre beauté particulière, choisissant d'instinct ce que réclame notre genre différent.

Et nous accomplirions cet ordre de la nature qui veut la variété dans l'unité.

Non seulement chacune voudrait avoir son style, mais chacune adopterait une couleur, deux au plus, et y resterait fidèle.

« Diane de Poitiers, si habile à fixer l'inconstance, raconte la marquise de Blocqueville, ne se montrait vêtue que de blanc et de noir. Elle variait les rubans, les bijoux, les détails de sa toilette, mais elle en gardait le fond immuable, témoignant ainsi de la profondeur de son intelligence, tout être doué de raison devant se proposer pour but d'arriver, par la variété, à la beauté de l'unité.

« Je n'ai jamais compris, dit encore la marquise, comment les femmes, ces êtres d'intuition, se refusent en général à comprendre que l'image fuyante et sans cesse transformée ne saurait devenir un portrait. Narcisse se trouvait superbe dans l'eau où il se mirait, mais l'eau ne garda pas sa trace. Ainsi en est-il des cœurs, où la plus jolie des créatures passe comme un éclair. Le lendemain refuse de reconnaître le visage que la veille avait commencé à aimer, mais qu'un nouvel ajustement de la chevelure a pu métamorphoser maladroitement. »

Comme ce serait joli, intéressant, commode que chaque femme fût elle-même et différente des autres !

Non plus Protée insaisissable, ni confondue dans la foule, dès qu'elle se montrerait aux yeux qui la désirent, la cherchent, l'attendent, elle serait reconnue. Le cœur ne serait pas à tout instant déçu par cette ressemblance que crée, entre toutes, cette uniforme toilette pourtant si changeante...

Grand amusement de croiser au passage, dans la

même journée, une imposante Anne d'Autriche, une fière Montespan, une grave Maintenon, une pimpante Pompadour ! Comme on se souviendrait de ces femmes si différentes ! à une seconde et imprévue rencontre ! Ce ne serait déjà plus des inconnues, et on retrouverait aussi, net et précis, le cadre où elles seraient apparues la première fois.

Quelles révélations ce choix libre de la toilette nous ferait du caractère des femmes, de leur nature ! Comme la chiromancie, la graphologie, la physiognomonie, le costume pourrait donner des indications justes sur les tendances de chacune, surtout si elles étaient livrées à elles-mêmes pour le combiner, si personne ne leur imposait plus telle ou telle forme, telle ou telle couleur.

Que triomphent donc celles qui ont commencé la lutte pour le style particulier et la mode individuelle.

Il y en aura pour tous les types, car on peut fouiller tous les siècles et tous les pays. D'ores et déjà, conseillons aux jeunes filles la robe de la Marguerite de *Faust*. Rien ne pourrait les habiller plus gracieusement ni plus chastement.

Choix réfléchi des vêtements.

Il ne faudrait pas croire que l'art de s'habiller fût chez toutes les femmes un don naturel. Il résulte plus souvent de l'étude et de la réflexion.

Une femme qui raisonne bien ne se laisse pas plus entraîner par le caprice, quand il s'agit de la toilette que pour toute autre chose. Elle peut faire des « écoles », toute nature même supérieure étant imparfaite, mais ces « écoles » lui servent à ne pas retomber dans l'erreur.

Une fois peut-être elle a acheté une toilette trop élégante pour les ressources dont elle dispose et l'usage qu'elle en doit faire. Mais le moment venu de la remplacer, elle se rappelle tous les ennuis que cette toilette lui a causés, le peu de profit et même d'honneur qu'elle lui a fait, et elle veut que sa robe nouvelle, moins ornée et plus sombre, convienne mieux aux circonstances dans lesquelles elle doit être portée et à la situation de celle qui la porte.

Une femme de goût n'exhibe d'ailleurs jamais à la lumière du soleil, une toilette fastueuse. Cette réserve n'est pas particulière à l'Europe, l'Orient l'a toujours connue.

En Annam, les grandes dames dissimulent sous

un *kéo* sombre les magnificences de leur costume. Les Japonaises de distinction ont aussi adopté cet *étui*. Elles ne veulent pas que ceux qui les rencontrent, à la promenade ou dans les temples, se retournent sur leurs superbes robes de soie, dont les dessins sont demandés aux armoiries de leur mari ou à celles de leur propre famille.

Le *kéo* a encore le grand avantage de mettre les beaux vêtements à l'abri des souillures de la pluie et de la poussière.

Si on n'a ni manteau imperméable ni cache-poussière pour préserver sa robe, on fait bien, au double point de vue du goût et de l'économie, de choisir des toilettes très simples pour le dehors.

Les femmes riches ont des toilettes spéciales pour tous les moments de la journée et toutes les circonstances de la vie. Quand on n'a que des moyens restreints de fortune, il faut de l'ingéniosité pour faire servir les vêtements à plusieurs fins, il faut aussi se donner de la peine.

Si, pour faire des courses le matin, on est forcée d'*acheter* un manteau de velours, de *finir* un chapeau élégant, on débarrasse au moins ce manteau et ce chapeau des garnitures superflues, on les simplifie de son mieux, pour qu'ils soient un peu appropriés aux heures où on les porte, à l'usage où ils sont descendus.

Du reste, moins on a de vêtements, moins il faut les choisir ornés ou élaborés, on doit aussi les demander aux étoffes solides et de teinte unie.

Si on n'a pas à son service un gros budget de toilette (et même dans ce cas), il est absurde de suivre la mode aveuglément. La femme qui est obligée de compter ne peut rejeter avant de l'avoir usé le vêtement de forme excentrique qui vient de lui déplaire et que tout le monde abandonne. Elle tâche de se rendre compte de ce qui lui sied bien, parmi les modèles que la vogue favorise mais qui peuvent être portés assez longtemps sans être remarqués, en raison de leur coupe sans bizarrerie et de leur simplicité.

Elle est alors habillée d'une façon harmonieuse et même élégante, car tout est relatif. Et la toilette ainsi comprise révèle non seulement le goût, mais le bon sens, mais la rectitude du jugement. Toutefois j'engagerai les femmes les plus raisonnables à consentir à un léger sacrifice d'argent (qui se transformera en une économie) s'il y a lieu de retoucher les vêtements achetés tout faits. Ils ne sont jamais absolument à notre taille et, en conséquence, nous habillent mal si on ne leur fait pas subir les rectifications nécessaires. Il faut craindre d'être « fagotée ». On porte du reste plus longtemps le vêtement qui sied bien. Enfin, il existe un système de compensations ; pour retrouver la petite dépense indispensable conseillée, il n'y a qu'à se priver d'un colifichet inutile.

Il serait encore mieux de se réduire à une toilette unique, très simple, mais bien faite, coupée à notre taille, et de renoncer à acheter, dans les magasins, une foule de vêtements qui ne nous vont pas, pour n'avoir pas été conçus selon notre structure ni notre genre, et parce que les couleurs et les dessins des étoffes employées ne sont presque jamais non plus ceux qui conviennent les unes à notre teint, les autres à notre taille.

J'ai plus d'une fois remarqué la séduction qu'exercent sur les femmes, même fort sensées, l'étalage savant de ces « occasions », *pour rien*, que les grands bazars offrent à leurs clientes à dates fixes. On attend les *expositions* pour faire mille achats, avantageux peut-être, mais dont on aurait pu se passer. Un objet vendu à bon marché est encore trop cher si celle qui l'achète n'en avait nul besoin ou ne peut l'utiliser de longtemps. Combien de ces choses seront dans la toilette une surcharge inutile ou attendront dans les tiroirs qu'on trouve l'occasion de les employer.

Toutes les fanfreluches coûtent aussi cher, en comptant bien, qu'un vêtement auquel sa bonne façon et sa bonne qualité assurent une longue durée. On peut être très élégante, quoique réduite à une extrême simplicité.

Ajoutons encore qu'une femme sérieuse... et soignée repousse « la lingerie de soie » et même la batiste de couleur. Elle n'admet que le linge tout blanc, qui peut supporter la lessive détersive.

Elle ne veut pas non plus que cette lingerie, blanche et pratique, soit trop ornée, trop garnie, trop élaborée. Cette élégance du plus mauvais goût n'est pas le fait d'une femme honnête.

Tout ce que celle-ci s'accorde, c'est la finesse de la batiste ou de la toile, quand elle peut y mettre le prix. En garnitures, elle ne choisit rien autre qu'une valenciennes ou une légère broderie mate.

Une tenue soignée.

Même dans le cas où l'on habiterait le plus humble village, alors qu'on serait le premier de ce village, on aurait encore tort de porter, fût-ce à intervalles, une toilette négligée, débraillée.

On perdrait dans l'esprit des paysans les plus frustes, ils n'auraient plus la même considération pour l'homme ou la femme qui méconnaîtrait elle-même sa dignité au point de revêtir des habits souillés, imparfaitement serrés, attachés.

Quelques femmes trop exclusives se négligent dès que l'être aimé s'éloigne. Elles doivent leur amour à lui seul, mais elles doivent à elles-mêmes... et aux autres, d'offrir à n'importe quels yeux le spectacle améliorant du beau. C'est encore une manière de témoigner de la déférence que nous inspire... *le reste* de l'humanité. Enfin la tenue laisse toujours à désirer, même aux occasions où l'on veut être à son avantage, lorsque les soins sont intermittents. La personne pour laquelle on « tient à faire des frais », sans souci de l'opinion des autres, peut survenir inopinément ; elle peut être instruite de ces mauvaises habitudes où l'on s'abandonne en son absence. De l'un ou l'autre cas peut naître en elle un certain éloignement... pareil à celui qu'on inspire à ceux dont on méprise le suffrage.

Notre bonne tenue est un des moyens que nous ayons d'obtenir l'estime de nos semblables. Il nous reste à la conserver par nos façons, d'abord, par nos sentiments et nos actions ensuite.

Les hommes qui travaillent des mains ont seuls le droit de porter, aux heures du labeur, des vêtements que la nature des travaux empêche de maintenir dans un état de propreté parfaite ou même relative.

J'irai plus loin, je dirai que, vécût-on absolument solitaire, on se devrait à soi-même de ne pas mépriser le soin de sa tenue. Et j'ajouterai qu'au plus infime compagnon, au moindre de nos semblables — moindre selon les jugements humains, car est-il sûr qu'il y ait des grands ou des petits ? il faut vouloir offrir un aspect aussi agréable que possible et que c'est une coquetterie bienfaisante.

Une toilette soignée dénote des habitudes distinguées, une certaine délicatesse, une élégance naturelle ; c'est pour cette raison qu'elle donne bonne opinion de nous.

Aussi un esthéticien recommande-t-il aux femmes de ne jamais passer devant un miroir ou une vitre qui puisse réfléchir leur image, sans y jeter un coup d'œil, afin de s'assurer qu'il ne s'est produit aucun désordre dans leur toilette, et pour pouvoir, à l'occasion, y remédier immédiatement. C'est, en effet, un bon moyen de nous apercevoir que notre chapeau est posé de travers et de le remettre en place, d'arranger notre voile qui a pu se détacher, de rétablir un nœud, de repousser une boucle.

C'était sans doute pour pouvoir surveiller assidûment leur coiffure que les femmes du xvie siècle attachaient un petit miroir à leur ceinture.

Le même amoureux du beau les engage à porter toujours sur elles quelques épingles, pour le cas où le lacet qui borde leur robe viendrait à se découdre, à s'arracher et pendillerait ou traînerait, ce qui est également laid ; de plus, cette incorrection dans la toilette peut être la cause d'un accident. Un falbala peut encore s'accrocher, quelques épingles réparent momentanément le dommage, permettent au moins d'atteindre la maison sans que l'irrégularité survenue dans la toilette ait été du tout remarquée.

Une femme non soucieuse de ces détails donne d'elle-même une idée fâcheuse.

Une femme soignée a toujours des bords de jupes irréprochables. Une jupe effrangée est horrible à voir, d'autant plus qu'il est facile de faire disparaître ces traces d'usure en bordant la robe à nouveau, en en repliant l'ourlet à l'intérieur. On doit relever sa robe dans la rue pour en garder le bord intact et aussi pour préserver ce bord de toute souillure. Il est impossible d'admettre qu'une femme laisse traîner sa robe dans la boue et la poussière, car la netteté du corps et la propreté des vêtements sont, de toutes les coquetteries, les plus exquises.

Il est bien aisé aussi de recoudre les boutons qui viennent à se détacher des bottines. Si on sort avec un bouton de moins, on fait croire à un défaut de soin de sa personne.

Les taches sont hideuses. Mieux vaut porter une robe de laine bien fraîche qu'une robe de velours tachée.

Rien n'est laid à voir comme un gant souillé. Quand on ne peut remplacer ses gants très souvent, il faut les préserver autant qu'on le peut des contacts qui les défraîchiraient et les choisir toujours dans les nuances foncées. Les gants de fil et de soie — qui se lavent — vont bien avec les toilettes simples.

La toilette et le monde.

Quand on est forcée de se réduire à une toilette trop modeste pour la position sociale qu'on occupe, pour les habitudes de vie des gens qu'on rencontrerait dans le monde, mieux vaut rester chez soi sous des prétextes plausibles.

Il n'est pas agréable du tout, si dépourvue d'orgueil que l'on soit, de faire tache au milieu d'élégances luxueuses, de se voir traitée avec dédain par les femmes riches, qui ne peuvent concevoir qu'on porte une robe très simple, une parure incomplète.

Que de femmes j'ai connues qui, ayant fait des sacrifices pour se mettre « à hauteur », croyaient-elles, partaient pour une fête gaies, heureuses, triomphantes, persuadées qu'elles étaient d'être habillées avec goût, « convenablement mises », comme on dit, et qui revenaient mortifiées, humiliées, désespérées, pour avoir vu rire, sous l'éventail, de leur robe, démodée de la veille, de leurs bijoux mesquins, de leurs falbalas sans valeur.

Vous me direz que leur chagrin n'était pas bien intéressant et qu'il faudrait savoir supporter le mépris des sots avec plus de philosophie ; qu'il n'y a, du reste, qu'à prendre la résolution de ne plus retourner au milieu de gens qui vous font un crime de la médiocrité de votre fortune. Sans doute, mais j'ai pensé que mieux vaut être mis en garde, pour ne pas faire, même une seule fois, cette expérience pénible de la malveillance dédaigneuse des gens frivoles, qui basent leur estime sur les apparences de la richesse.

Il y a des personnes sensibles à l'excès, encore que non du tout vaniteuses ; pourquoi iraient-elles au-devant de blessures d'amour-propre qu'elles peuvent éviter ? Pourquoi risqueraient-elles de se laisser troubler par les moqueries des snobs, quand il dépend d'elles de conserver à leur âme toute sa sérénité.

Un poète romain a dit : « Ce qu'il y a de terrible dans la pauvreté, c'est qu'elle rend l'homme ridicule. » Et Montaigne de l'amour : « Certes les perles et le brocadel y confirment quelque chose. » Puisque le monde est ainsi fait, n'exposons pas notre simplicité à des humiliations.

Le pauvre n'est ridicule que s'il affronte des comparaisons à son désavantage. Il est certain qu'une robe de laine fait mieux de ne pas se mêler, volontairement et inutilement, aux robes de satin. Mais cette robe de laine, dans son cadre, pourra être aussi et plus charmante que les robes de satin dans le leur.

La fierté est une armure de diamant, revêtons-la, même dans les toutes petites circonstances, pour ne pas être percé par les flèches que lancent la méchanceté et la sottise.

Pour s'habiller avec grâce.

Les étoffes transparentes, légères : tulle, gaze, dentelle, etc., ne vont bien qu'aux jolis teints. Il faut donc, pour la toilette, faire une étude raisonnée des tissus et se tenir à ceux qui avantagent le genre de personne et la carnation.

Les seuls tissus souples et légers, qui se drapent facilement, peuvent habiller avec grâce. Les robes d'hiver elles-mêmes doivent être taillées dans des étoffes épaisses mais sans lourdeur ; elles n'en sont que plus chaudes, encore une des conditions enseignées par les femmes qui possèdent la science de la toilette et qui savent qu'il ne faut pas frissonner sous le vêtement.

Si ce vêtement bien coupé suivait la forme du corps — au lieu que le corps se pliât à la forme du vêtement, — alors l'art de s'habiller serait arrivé à la perfection. Mais demandez donc cela aux couturiers !

« Pour bien porter une belle robe, dit justement Mme de Girardin, il faut oublier qu'on la porte. » Cela s'entend de ne pas se pavaner dans cette belle robe à la façon des paons dans leur belle queue. Mais encore, pour oublier sa robe, serait-il essentiel de ne pas la sentir aux entournures.

Il est encore important de savoir passer sa robe pour être bien habillée. Le vêtement taillé par le meilleur faiseur paraîtra imparfait, s'il est mal endossé.

Nous avons déjà dit notre façon de penser au sujet des manches dont la mode ne devrait pas régler la forme, mais bien le bras qu'elles recouvrent. Trop vastes, elles sont ridicules et compromettent d'autant plus la silhouette que la femme est plus petite ; trop plates, elles donnent au corps un aspect étriqué ; collantes, elles font saillir les coudes, ce qui est très laid : il n'y a qu'un bras de statue qui puisse être moulé par cette manche et les beaux bras sont assez rares. — Les bras ordinaires, les bras trop gras ou trop maigres demandent des manches d'ampleur suffisante — mais jamais exagérée — pour se voiler.

Le cou est presque toujours mal entouré. C'est une égale faute contre l'esthétique, d'*engoncer* dans une grosse ruche un cou très court, ou de dégager extrêmement un cou long ou décharné — auquel le fichu serait seyant.

Le cou qui dénonce l'âge impitoyablement ne doit être découvert qu'avec circonspection. Aussi lorsqu'on arrive au « certain âge » faudrait-il renoncer tout à fait au décolleté. Le cou porte des marques de vieillesse, alors que tout le reste de la personne est encore jeune.

Du reste, le décolleté devrait être interdit dans bien des cas, même aux jeunes femmes, si elles ont une vilaine peau, si leur cou est mal attaché, si elles sont maigres... les hommes n'ont jamais assez de moqueries pour le spectacle déplorable que leur offrent des épaules pointues et des « salières. »

Mais les femmes maigres autant et parfois plus que les autres ont la manie de se décolleter. Lorsqu'on leur fait des représentations, elles vont jusqu'à invoquer leur position sociale... pour donner aux hommes le plaisir de les railler sans miséricorde.

Si l'on est obligé — par devoir!! — de tailler

bas son corsage, que ne voile-t-on de tulle ou de dentelle ce qu'il est bien maladroit d'exposer aux regards des malveillants ? C'est joli de voir émerger d'un corsage décolleté un buste et des bras dont un nuage transparent dissimule les imperfections sans cacher impénétrablement la peau. Toute chose voilée a le profond attrait du mystère, de l'inconnu et laisse supposer la beauté.

D'ailleurs, il existe trois sortes de décolletés parmi lesquels on peut choisir, selon le genre de sa personne. On les désignait ainsi sous le second empire : « tout en peau », « en demi-peau », « en quart de peau ». Les belles épaules rondes affrontaient le « tout en peau » ; les poitrines blanches la « demi-peau », — décolleté en carré devant; — celles qui n'étaient gratifiées que d'une jolie attache de cou, le « quart de peau », — décolleté très restreint, en pointe, sur le devant du corsage et dans le dos.

Beaucoup de femmes, aussi idéalement chastes qu'idéalement belles, n'ont jamais voulu adopter — en dépit des instances d'un mari désireux de faire admirer leurs formes sculpturales, — que le décolleté conseillé aux femmes maigres. Dirais-je qu'à mon humble avis aussi, la toilette du soir ne devrait pas être comprise plus hardiment ?

Il est d'autres erreurs contre lesquelles il est bon de se mettre en garde. Par exemple :

Je réclame aussi contre la coiffure masculine, qui s'introduit dans la toilette féminine (le melon en voyage, le béret, la casquette aux bains de mer), et je réprouve le raide faux-col, les durs plastrons, le gilet, la cravate, etc., tout ce qui nous donne, pour si peu que ce soit, allure d'homme. Dieu sait que j'aime et préconise la simplicité élégante dans nos ajustements, mais si elle doit atteindre au puritanisme des vêtements des « gentlemen », je redemande l'abus des colifichets, pour rester femme.

Nous oublions complètement que « plus la femme est femme, plus l'homme l'aime ». Et quand nous nous plaignons de ne plus voir brûler d'encens à nos pieds — ce qui était, d'ailleurs, d'une idolâtrie exagérée —, nous devrions avouer que nous avons détruit, de nos propres mains, le culte que nous rendait l'homme. Quand ce ne serait que pour nous être enveloppées du brutal nuage de fumée dont nous parlions tout à l'heure.

Même en travesti, le costume masculin est interdit aux femmes bien élevées dans un bal costumé. C'est faire preuve d'un manque évident de réserve, pour ne pas dire plus, que de l'adopter, même sous le masque.

Un homme fait peut-être mieux aussi de ne pas choisir un costume féminin, dans les mêmes circonstances ; — mais ce n'est, cette fois, qu'une affaire de goût et non de décence : sous la robe dont il s'affuble, l'homme portant les vêtements de son sexe.

Je profite de l'occasion pour dire mon sentiment au sujet des costumes extra-courts qu'on exhibe sous prétexte de déguisement. Ils ne sont ni seyants, ni convenables. Après la douzième année, la femme doit porter des jupes suffisamment longues pour cacher ses jambes, sous peine de manquer au décorum et de paraître grotesque.

Le buste.

Les peintres et les sculpteurs aiment, pour la femme, les modes du Directoire et celles de l'Empire. La robe de ce temps n'allonge pas le buste féminin d'une façon désagréable à l'œil, ainsi que c'est le cas pour les autres styles de la toilette.

Les artistes blâment beaucoup les *habilleurs* qui, plaçant la ceinture trop bas, donnent à la ligne, qui va de la hanche au-dessous du bras, une trop grande longueur, faute qui a pour conséquence de hausser l'épaule. Ils n'ont pas non plus trop de malédictions pour cette fausse idée du beau et de l'élégance qui fait rétrécir et resserrer à outrance le corps vers son milieu, et défigure la forme féminine.

Oh ! ces « fines tailles », si ambitionnées contre tous les principes de l'art, quelle faute contre la nature ! Mais étudiez donc la statuaire grecque, puis dites-moi si les nymphes et les déesses, dans leur nudité divine ou sous le péplum et la tunique, ont cette ceinture étranglée dont les femmes modernes sont si fières ?

Toute compression est une laideur. Aussi les hommes n'admirent-ils pas, comme on se l'imagine, les bustes emprisonnés dans les longs corsages et les flancs aplatis.

Si la femme laissait toute liberté à son buste, elle retrouverait cette beauté primitive des formes que l'antiquité a connue, et cette souplesse onduleuse, qui est la séduction des créoles. La ceinture ne serait pas indiquée au-dessous de la ligne naturelle, ce qui fait que la ligne du dessous de bras conserverait toute sa grâce.

Selon cette opinion, les femmes qui ont la taille courte ont bien tort de vouloir l'allonger. Elle n'y réussissent pas, elles en ont encore moins d'élégance. D'ailleurs, une taille courte ne déplaît pas. C'est celle de Diane chasseresse aux longues jambes.

Quand une femme est très grosse, c'est encore à elle que les corsages étroits et serrés conviennent le moins. Si elle comprimait moins sa chair surabondante, elle serait moins forte, parce qu'elle serait moins *dessinée*. Mais voudra-t-elle entendre? Cessera-t-elle de se sangler, de tendre sur elle les tissus, ce qui lui donne un relief regrettable.

Son buste devrait être soutenu seulement et non torturé dans une prison. Si elle comprenait bien ses intérêts, elle perdrait ses formes trop opulentes dans les plis et les draperies légères ; alors, elle aurait chance d'être gracieuse.

L'œil, ne rencontrant sur elle aucun point accusé, pourrait être trompé. Je ne veux pas lui faire croire qu'on la trouverait svelte, mais on ne s'apercevrait pas qu'elle est obèse, tandis qu'aujourd'hui, elle fait *remarquer* l'embonpoint qui la désole !

Les corsages peu ajustés lui conviennent, tel celui qui affecte la forme d'une veste, pourvu qu'elle n'y ajoute pas de revers. Mais elle ne le choisit jamais, elle préfère le costume collant, révélateur.

Les femmes maigres ne savent guère mieux habiller leur buste, en conséquence de leur structure. A elles aussi, — tant les contraires paraissent réclamer les mêmes remèdes, — le corsage flottant et la veste sont d'un grand secours. Elles peuvent donner à la veste les larges revers qui étoffent, amplifient les corps trop minces. Puis la veste qui s'ouvre demande de jolis remplissages, qui sont très avantageux pour ce genre de femmes.

Il en est d'autres qui, sans être maigres, se désolent d'avoir une poitrine étroite et naturellement resserrée. Ce défaut peut fort bien s'atténuer et même se dissimuler tout à fait. Lorsqu'on est ainsi faite, il n'y a qu'à garnir son corsage de dentelles posées en travers, — formant barre, sur la poitrine. — Seulement, on a soin de faire passer cette dentelle sous le bras, et non de la remonter sur l'épaule, comme on voit, trop souvent, disposer cette garniture.

Les couleurs.

Grâce à une légère étude des coloris dans la toilette, on pourrait arriver à être sinon jolie, du moins agréable.

En s'entourant de nuances favorables, on ferait ressortir son teint, ou on l'amortirait; on en atténuerait les défauts, on l'éclairerait, on l'animerait.

La couleur, jointe à la coupe et au tissu, nous l'avons dit, tout est là pour être habillée avec une élégance vraie et seyante, en dépit de la plus extrême simplicité.

M. Chevreul, qui avait fait une étude si approfondie des couleurs, devinait bien le caractère des femmes d'après les couleurs dont était composée leur toilette. Celles qui les mélangeaient dans leur costume, sans souci de l'harmonie, inspiraient à l'illustre vieillard une assez triste idée. Cette incohérence, ce heurt de couleurs annonçaient, pour lui, une nature sinon perverse, au moins déséquilibrée.

Il y a pourtant des gens indignes qui ont un goût exquis, un sens vraiment artistique des couleurs. Ceux-là, d'après la théorie dont nous parlons, auraient quelque beau, quelque bon sentiment caché, comme une fleur de nuit, dans les ténèbres de leur cœur.

Marius Vachon, dans une étude sur Puvis de Chavannes, déclare que les couleurs éclatantes ne flattent que les yeux des sauvages, des frustes et des enfants. Et il nous apprend que l'illustre maître n'aime que les couleurs tendres et lumineuses.

Les femmes qui possèdent une vraie distinction, ne tiennent pas à attirer les regards; en conséquence, elles proscrivent dans leur toilette toutes les couleurs voyantes. Elles choisissent toujours des teintes effacées, au moins amorties.

A l'occasion du mariage d'une de ses nièces, Marie Pecci, Léon XIII, qui lui offrait son trousseau, a donné son goût en fait de couleur pour les toilettes féminines. Il a voulu que toutes les robes de la jeune femme soient demandées aux étoffes blanches, bleues ou noires. « Ce sont les trois couleurs qui conviennent à son âge, a prononcé le souverain pontife. Le gris et le brun sont pour les vieilles femmes et quant aux autres couleurs, je ne les aime pas. »

On ne se serait pas attendu à trouver, chez un pape, une autorité en matière de toilette. Et cependant, il faut reconnaître qu'avec la finesse dont il est doué pour toutes choses, Léon XIII faisait un excellent choix.

Les hommes aiment beaucoup à voir les femmes vêtues de robes blanches.

Selon Platon, le blanc est la couleur des dieux.

« C'est le ton le plus lumineux, » dit Marius Vachon.

Cette couleur signifie affirmation. Le noir est la négation.

La robe blanche, tant célébrée par les poètes de ce siècle, sied à la femme de tous les âges. Au moins peut-elle la porter jusqu'au seuil de la vieillesse. Et encore, pourquoi le blanc serait-il interdit aux aïeules au moins en leurs maisons? Le blanc est le symbole de la femme mère, de la pureté, de la chasteté, de la bonté.

Portons du blanc. L'extérieur n'est pas sans

influence sur l'intérieur, le visible sur l'invisible. On craint de souiller une robe blanche, on s'habitue également à redouter toute tache morale. Nous vêtir de blanc, c'est comme nous envelopper de fraîcheur et d'innocence. « Rien n'est indifférent en ce monde. »

Une femme vêtue de blanc inspire à l'homme plus de respect; elle est, pour lui, comme entourée d'un cercle magique, qu'il n'ose franchir. Le chancelier Bacon ne dit-il pas que les choses inanimées peuvent agir sur l'âme humaine par de secrètes et latentes sympathies.

Le blanc semble écarter les mauvaises pensées et les mauvais esprits. Il éclaire les ténèbres.

Ce n'est pas une couleur, disent les savants, c'est la réunion de toutes les couleurs. Le blanc renferme donc toutes les nuances du prisme et vous savez que chaque couleur dont il est composé a une signification mystique et une influence bienfaisante.

Quand on vouait au blanc les petits enfants, on criait à la superstition. Eh bien! sous ce conseil d'un prêtre parfois ignorant ou d'une nourrice crédule, il y avait une raison de physique transcendante, qu'on ne connaissait pas ou qu'on ne connaissait plus. Les savants de jadis l'avaient voilée pour les yeux du vulgaire sous une injonction religieuse. Ces savants n'étaient-ils pas les prêtres d'alors ?

Oui, le blanc faisait une défense aux enfants, écartait d'eux les influences insalubres et maléfiques : sous les vêtements blancs, on est plus pur, moins sujet aux maladies.

Le blanc ne réclame-t-il pas une propreté minutieuse idéale ? Allez, nulle folie au fond de tout cela : une science profonde, dont il ne reste qu'une tradition affaiblie.

Les poètes aiment le blanc, parce qu'ils sont des voyants. C'est de blanc qu'ils habillent tous les êtres surhumains, déesses, nymphes, fées, saintes. Les vestales et les druidesses portaient des tuniques blanches, dont l'ourlet traînait sur l'herbe fine des bois sacrés.

Carmen Sylva, la reine-poète, est toujours vêtue de blanc dans son intimité.

Vais-je dire, après cela, qu'il y a encore un autre motif pour encourager chez les femmes l'amour du blanc ? Cette couleur poétique est, en même temps, très pratique et très économique. Le blanc ne change pas, tandis que les tissus teints de rouge, de bleu, de violet, etc., se décolorent si rapidement qu'après quelques jours, une robe *de couleur* a perdu toute la délicatesse de sa teinte ; elle est, de plus, fort désavantageusement striée, la lumière ayant atteint la nuance, là où l'étoffe est tendue, alors que cette nuance est restée intacte dans les plis.

Et puis, encore, le blanc se nettoie avec une grande facilité, de sorte que le vêtement peut toujours être éblouissant, immaculé... immuable !

Le jaune amincit. Cette couleur a encore un autre avantage, elle requiert peu de garnitures.

Le jaune, lumineux comme l'or et le soleil porte à la joie, à la gaieté.

Le voile des fiancées romaines était jaune. Jaunes aussi les habits des boudhistes qui se retiraient du monde pour se vouer à la recherche de la perfection.

C'est la couleur du Saint-Esprit, de l'amour suprême, divin.

En esthétique, le jaune appartient aux brunes, bien que les blondes aient aussi voulu le porter. *Il éclaire* les teints un peu bistrés, olivâtres.

Le jaune orangé s'accompagne bien de dentelle noire. Avec les jaunes doux ou pâles la dentelle blanche convient mieux.

Le bleu est une nuance douce et calmante. Elle apaise et, pour cette raison, on fait bien d'en vêtir les gens irritables et nerveux ; elle est encore inspiratrice de sentiments tendres et affectueux.

Croiriez-vous que cette couleur convient mieux

à une femme qui a des cheveux noirs et un teint vif qu'à une blonde? La blonde ne peut aborder le bleu que si elle a des joues très roses.

Le vert, couleur des fées, selon les Écossais, et des âmes du Purgatoire, ne peut être affronté à la légère. Une grande fraîcheur de teint, une peau neigeuse sont requises pour le supporter sans dommage.

Le rouge clair rend un peu d'éclat et de beauté à un visage que la souffrance a émacié et blémi. Il efface pour ainsi dire les tons d'ocre qui s'y sont déposés; il rend presque jolie la tête qui s'en entoure.

Si on était seulement pâle, sans taches jaunes, il faudrait redouter cette vive nuance, qui ferait paraître encore plus exsangue.

Le brun est le cadre qu'il faut aux rousses. L'or ardent de leurs cheveux, leur peau laiteuse ne peuvent être plus artistement entourés.

Arrivée au « certain âge », qu'on appelle depuis quelque temps « l'âge moyen », on est mieux habillée par des teintes *effacées*, harmonieuses que par des couleurs vives et contrastées. Le violet convient au « certain âge »; il envoie un reflet avantageux aux teints décolorés.

Les jeunes filles veulent des nuances douces et tendres, comme leur teint délicieux, leurs yeux brillants et leur air candide.

Le noir n'est pas une couleur. Il faut dire pourtant qu'il habille fort bien les femmes un peu fortes, éclatantes de santé. C'est qu'il diminue et qu'il efface, ce qui procure une certaine distinction aux natures trop riches de sang et de chair.

Les bijoux.

Rien n'indique le mauvais goût et la vanité comme l'abus des bijoux dans la parure. La toilette et même l'allure en sont tout alourdies ; on a l'air d'une châsse... ou de vouloir rayonner comme un astre... ou de prendre plaisir à exhiber ses richesses.

Si l'on possède de nombreux écrins, pourquoi ne pas les utiliser à tour de rôle, plutôt sobrement, et non tous à la fois ?

Les femmes qui savent se parer ne portent guère plus d'un bracelet à la fois ; à la main droite on ne leur voit jamais qu'une seule bague ; si elles ont un beau cou, elles se dispensent de temps en temps de l'entourer d'un collier.

L'amour des femmes pour les bijoux est bien singulier. Elles voudraient en posséder des quantités innombrables. J'admets fort bien qu'on se trouve plus jolie après avoir attaché un fil de perles à son cou, mais pourquoi ne pas se contenter de la même parure le lendemain, elle n'aura rien perdu de sa beauté ni de sa valeur. Mais on serait malheureuse si on ne pouvait remplacer, le jour suivant, ses perles par des diamants fulgurants. Puis après on veut des saphirs, des rubis, des topazes, toutes les gemmes existantes enfin.

Ces perpétuels changements n'ajoutent rien à la beauté de la femme, ils ne témoignent que d'une incurable frivolité.

La coutume de déformer le lobe de l'oreille en le perçant pour y suspendre des anneaux ou des pendants, pour y *visser* des perles ou des diamants, cette coutume des temps barbares a perdu bien du terrain. Faisons des vœux pour qu'elle disparaisse complètement.

Cette parure, qui ne s'obtenait qu'en perforant la chair, est digne des seules pauvres sauvagesses. Enfin, on commence à trouver que ce lobe, couleur d'un pétale de rose des haies, ne gagne rien à être tiraillé par un poids d'or, ce qui le fait pâlir et l'allonge, ou à paraître incrusté d'un corps étranger, fût-ce le divin produit des mers, la perle blonde et douce.

Et puis, ne sait-on pas? qu'une oreille mal faite passe souvent inaperçue, si on n'a pas la maladresse d'y attacher un bijou, et que toutes ses imperfections se remarquent si on y attire l'attention par un brillant métal ou une pierre étincelante.

Les idées sages et raisonnées font peu à peu leur chemin. Elles sont d'abord adoptées par les gens sensés. Les autres suivent sans se rendre compte, entraînés sans le savoir par la supériorité d'esprit des premiers.

On me disait : Mais n'est-ce pas se singulariser que de garder, à cette heure où les avis sont encore partagés, des oreilles intactes ? Au temps de la poudre, beaucoup de femmes refusaient de couvrir de farine leurs beaux cheveux blonds ou bruns. Personne ne songeait à les trouver bizarres parmi les gens raisonnables au goût sûr, ni parmi les artistes, les seules personnes dont on doive envier le suffrage.

Une autre folie est encore abandonnée, Dieu merci ! Ce sont les boucles de jarretières cloutées de gemmes. Le bon sens et le bon goût, ces frères jumeaux, réprouvaient cette mode due à une imagination dévergondée... qui s'indignait peut-être de la superstition américaine consistant à porter des jarretières dissemblables pour trouver un mari ; une jaune et une noire, une jaune et une rose, une jaune et une bleue, etc. La jaune à la jambe gauche, est de rigueur ; la jambe droite porte telle couleur qu'on préfère, sauf le jaune.

Très enfantine cette coutume transatlantique, je l'accorde, mais infiniment moins déraisonnable que la jarretière gemmée.

Détails.

Quand une femme est grande, mince, élancée, elle ne doit pas choisir pour sa coiffure, — chapeau en parure de bal, — des ornements qui se dressent, menaçant le ciel. En raison de sa hauteur et de sa sveltesse, elle achèverait de se donner l'apparence d'une asperge.

Au contraire, une femme petite, épaisse, au visage lourd et massif, cherchera à s'élever et à s'alléger en adoptant une coiffure envolée. C'est une grossière faute que commet cette femme contre elle-même, en s'écrasant encore sous un chapeau plat et développé en largeur.

La coiffure plate est encore à redouter si on a le cou très court, fût-on mince, d'ailleurs.

On ne sait guère mieux disposer ses cheveux, selon son type. On voit des visages mutins encadrés de bandeaux à la Boticelli, des figures de madone qui ne repoussent ni les crespelures ni les frisures; des faces carrées, aux gros traits, qui sont loin d'être *amenuisées* par des cheveux plaqués et tirés en arrière; tandis qu'il faudrait les soulever pour en environner le front. La femme dont le nez est grand ignore qu'elle doit arranger sa chevelure en diadème sur le sommet de la tête.

Les blondes ont une préférence pour la voilette blanche qui est désavantageuse à leur teint. Les brunes font choix de la voilette noire. La blanche leur convient bien mieux, elle idéalise leur visage, elle adoucit leur regard.

La toilette de mariée, à cause du voile dont elle est enveloppée, requiert une très grande simplicité de forme et de garnitures. Elle doit laisser à la structure de l'épousée toute sa gracilité, sous peine de faire prendre à la jeune fille l'apparence d'un paquet, sous ce voile qui l'entoure et qui semblerait l'emballer.

La façon sainte de vitrail est celle qui convient le mieux, encore celle qu'on dénomme Marguerite de Faust.

Les petites communiantes, pour la même raison, doivent avoir des robes le moins élaborées qu'il soit possible.

Il est bien inutile de vouloir enserrer les larges pieds dans une chaussure étroite pour les diminuer. On n'y arrive pas, du reste. Il n'y a qu'à ne pas les exposer volontairement aux regards.

Si, dans les salons, on peut porter des robes longues pour les dissimuler, à la rue, il ne saurait être question de laisser traîner sa jupe pour les cacher. Il faut savoir accepter une imperfection. Elle passe d'ailleurs inaperçue pour bien des gens.

Les hauts talons, qui sont détestables au point de vue de l'hygiène, ne le sont pas moins au point de vue de l'élégance, puisqu'ils déforment le pied et la jambe et gâtent la tournure. — On assure qu'ils sont une imitation de ces blocs de bois que les Persans attachent sous leurs chaussures pour éviter le contact du sable brûlant. Cet objet d'utilité a mal inspiré la coquetterie des Européennes.

DEUXIÈME PARTIE

POUR ÊTRE AIMÉ

LA PERSONNE MORALE

De même qu'on peut arriver à corriger les défectuosités physiques et à développer la beauté extérieure, de même — et plus facilement encore, — il est possible de détruire en soi les laideurs de l'âme et d'augmenter la puissance de l'esprit. On peut se faire une beauté morale, il n'y a qu'à élever sa pensée et ses sentiments, et à cultiver ses dons intellectuels.

Il ne s'agit pas seulement de s'instruire, d'acquérir de la science, de s'adonner aux arts. Une instruction très suffisante est aujourd'hui libéralement donnée à tous, d'ailleurs ; quant aux études scientifiques et artistiques prolongées, elles ne sont pas à la portée de tout le monde, pour plus d'une raison ; et dans tous les cas, il n'est pas indispensable, pour une femme, d'être un bas-bleu, une savante ou une artiste.

Les études nécessaires étant achevées, la femme

doit continuer à exercer ses facultés intellectuelles par la pensée, la réflexion, les bonnes lectures, mais, en même temps, il lui faut surtout faire œuvre de bonté à toute heure, et s'attacher à détruire en elle sans relâche, toute vulgarité, toute tache, toute petitesse morale.

La femme qui sent naître cette légitime ambition de s'améliorer, contractera quelle que soit sa situation, ces habitudes raffinées, qui sont la base de toute bonne éducation et de cette coquetterie charmante, ordonnée, sans laquelle la femme aurait, avec l'homme, trop de ressemblance. Ces habitudes consistent dans le soin d'anéantir en soi tout ce qui peut choquer et déplaire, de mettre au jour tout ce qui peut rendre agréable et aimable. Les bonnes manières, la maîtrise sur soi-même, l'aisance qui résulte de la confiance en soi, ne s'acquièrent pas autrement,

Une femme qui veut plaire et être aimée s'affinera donc, sans cesse, car elle sait qu'une femme fruste n'est pas une femme. Par fruste j'entends un être sans tact et sans délicatesse; dur, rude; sans grâce ni élégance morales.

Le vrai désir de plaire, c'est-à-dire de donner de la joie, ne peut obtenir sa réalisation que s'il prend sa source dans la bienveillance et dans la sympathie que les hommes se doivent entre eux. C'est sous l'empire de ces sentiments, que s'adoucissent notre ton et le son de notre voix, que nos gestes deviennent harmonieux, que nous parlons d'abondance, que notre attitude s'empreint d'une dignité simple et vraie.

On n'est beau que si le visage est illuminé des lueurs de l'âme. L'air intelligent est très désirable mais encore plus l'expression de bonté. Il faudrait pouvoir réunir les deux... mais les deux sont souvent réunis.

Une femme dont la personne morale est très élevée, — cœur et intelligence, — est tout éclairée de cette lumière intérieure. Son visage devenu translucide, sa contenance d'une souveraine noblesse révèlent le mouvement intérieur : l'exercice de la pensée, les idées spiritualisées, les généreux sentiments, la victoire sur la faiblesse humaine.

Cette femme a su réagir contre les mœurs de son époque, où la vie est très matérialisée, quoi qu'on pense, où malgré une prétendue haute culture intellectuelle, les goûts sont bien plutôt dirigés vers tout ce qui satisfait la vanité et une sorte de sensualisme... trouvé dans les exercices violents et les plaisirs bruyants. Son *moi spirituel* est tout-puissant, il commande au *moi physique*, le moi inférieur, rompu à l'obéissance, aide seulement le moi supérieur à se manifester.

LA GRACE MORALE

La grâce.

« Les Grâces, en grec Charites, dit un vieil auteur, étaient trois divinités représentées nues, sans accessoires empruntés (pour bien montrer qu'il n'est pas de grâce sans naturel, simplicité, ingénuité).

« La mythologie antique les a faites filles de Jupiter, pour montrer combien sont puissants les agréments et les véritables grâces. Elles se tiennent par la main pour nous instruire de ceci : Si l'on ne plaisait que par le sensible, c'est-à-dire l'extérieur, joli, bienséant, sans y joindre les agréments de l'esprit et du cœur, ce seraient agréments très imparfaits. L'art de plaire consiste en l'union de toutes ces belles qualités, d'un esprit qui brille par des traits pleins de lumière et de sublimité, par les plus belles dispositions et expressions d'un cœur plein de douceur et de sociabilité, et par l'extérieur le plus composé à la bienséance, à l'affabilité, à la bénéficence, et en même temps plein de dignité.

« La taille menue, les formes rondes qu'on leur a données marquent la culture de l'âme, de l'esprit et du geste ; la seconde nature donnée par la bonne éducation : corps, âme, esprit, sont ainsi *équarris*, sortis du bloc, façonnés.

« On les a faites petites et menues pour montrer par ces circonstances les propriétés de la bonne grâce et des agréments. L'agrément consiste souvent dans de petites choses : un geste, un sourire. »

Lord Chesterfield, qui a écrit à son héritier des lettres célèbres sur les moyens à employer pour avancer dans le monde, souhaitait qu'on dît, de cet héritier, son fils :

— Ah ! qu'il est aimable ! Quelles manières ! quelles grâces ! quel art de plaire !

« L'art de plaire, lui écrivait-il, consiste en de petites choses variées. De gracieux mouvements, un regard expressif, une légère attention, un mot obligeant tombé à propos, l'air, la toilette et mille autres petits agréments indéfinissables font cette heureuse et inestimable composition, l'art de plaire. J'ai vu, dans ma vie, beaucoup d'hommes éminents qui ne m'ont pas attiré ; ils manquaient de ces mille petits moyens de plaire qu'on néglige quand on est trop conscient de son génie. J'ai aimé une femme qui n'était pas jolie, mais qui était pétrie de grâces, qui avait ce pouvoir sans nom de donner de la joie. »

Un prêtre qui écrivait en 1753, dit de la grâce : « Ce mot signifie le bon air, la bonne mine d'une personne, ses manières d'agir, de parler qui plaisent aux autres. »

Tout être qui possède la grâce, cet avantage encore plus précieux que celui de la beauté, peut être assuré de plaire et d'être aimé. Il est très doué quand il a ce don de naissance, car la grâce est un composé de bonté, de douceur, d'élégance naturelle, de bonnes manières, de simplicité, de goût, d'aisance, de distinction.

Beaucoup de femmes, sans être très jolies, ont régné sur les cœurs. La grâce était leur puissante séduction.

Elles n'avaient pas toujours reçu en partage, non plus, une vive intelligence ou un esprit pétillant. On leur reconnaissait cet art de plaire si bien défini par lord Chesterfield et qu'il est en notre pouvoir à tous d'acquérir, si la nature ne nous l'a pas libéralement départi.

Mlle de la Vallière était timide, silencieuse, non du tout ce qu'on appelle spirituelle, sa beauté n'était pas parfaite. Mais elle était charmante.

gracieuse et bonne, le roi Soleil fut à ses genoux.

Mᵐᵉ Cottin, dont les romans eurent tant de vogue, était bien ordinaire au physique, cependant elle fut violemment aimée : deux hommes se tuèrent pour elle, — ce qui n'est pas à ambitionner, ce qui doit assombrir toute la vie.

La princesse Pauline de Metternich était laide, le savait, le disait. Toutefois, elle avait sa grâce à elle, faite de distinction autrichienne, d'entrain, d'esprit, d'art de la toilette, et elle fut une des femmes les plus recherchées à la cour des Tuileries.

La grâce produit son effet sur l'homme le plus fruste, elle est le rayon de soleil sur un sévère paysage, le sourire sur de nobles traits, la chaleur du foyer dans un sombre jour d'hiver.

Il n'est donc pas surprenant que celui qui la possède attire les cœurs à lui... et les retienne.

Le caractère et la grâce.

La grâce dépend beaucoup de l'humeur et du caractère.

Les mondains la possèdent généralement, parce qu'il leur faut veiller assidûment sur eux-mêmes pour réprimer, au moins en apparence, les vilains défauts qui les rendraient déplaisants, qui éloigneraient d'eux ou les feraient écarter.

La mauvaise humeur, par exemple, est incompatible avec la grâce. Voyez comme elle change un homme ou une femme : un voile, une sorte de brouillard s'étend sur le visage ; le sourcil se fronce, la bouche s'avance en moue ; la parole est sèche, dure, désagréable ; on malmène, on bouscule gens et choses.

Toute grâce est perdue, au moins pour l'instant ; elle est à jamais détruite lorsque les accès se multiplient, deviennent très fréquents. On se transforme en être ronchonnant, toujours mécontent des autres, aigre, acariâtre, atrabilaire, insupportable à son entourage et à lui-même.

On admet fort bien que la personne la meilleure puisse sortir de son caractère : un événement, une parole, un fait quelconque a pu la troubler assez profondément pour lui faire perdre l'empire qu'elle a ordinairement sur elle-même. Mais n'est-elle pas bien injuste de faire pâtir ceux qui n'en peuvent mais, de l'état pénible dans lequel elle a été jetée ?

Il fallait se réfugier dans la solitude — où au moins on ne fait souffrir que soi, — pour se calmer et se reprendre, et ne revenir au milieu des siens, de ses amis, de ses connaissances qu'après avoir vu son visage redevenir serein, après avoir senti que ses manières et son allure avaient repris leur grâce accoutumée.

Les capricieux ne peuvent non plus posséder qu'une grâce imparfaite, puisqu'elle est intermittente. Un jour ils vous accueillent avec la plus cordiale expression et le visage le plus agréable ; une autre fois, sans aucune raison, leur mine est froide, leur air contraint. Doué d'une grâce véritable, on est aimable d'une façon permanente et non selon que souffle le vent.

C'est parce que la grâce prend sa source dans la bonté et le désir de plaire, qu'elle ne peut exister chez celui qui se laisse aller au caprice... si blessant pour l'homme qui y est en butte, si douloureux parfois à supporter ; ni chez celui qui fait souffrir les autres de son humeur et ne se gêne pas pour se montrer désagréable.

Les gens susceptibles, qui se fâchent à propos de tout et de rien, qui se croient sans cesse visés, attaqués, frappés, ne peuvent non plus se vanter de posséder la grâce. Quand on n'a que des intentions excellentes inspirées par la délicatesse de l'esprit et la générosité du cœur, on ne suspecte pas les intentions des autres.

L'orgueil et la vanité sont encore un obstacle à la grâce : Les hommes qui se drapent dans leur orgueil, les gens que gonfle une vanité insensée ne peuvent être que rogues et dédaigneux.

La colère et l'emportement nous dépouillent également de toute grâce, au moins pendant qu'on est en proie au délire qu'ils causent. Et si ce délire reparaît souvent, il anéantit la grâce à jamais.

Toutes les passions mauvaises et tous les défauts bas sont un empêchement à la grâce.

C'est bien parce qu'elle ne peut exister qu'au prix de qualités charmantes et bonnes, que la grâce est un don si hautement apprécié.

La femme dans les affaires.

Une femme est parfois obligée de s'occuper d'affaires ; son père ou son mari peut lui laisser une succession embarrassée où elle ait à soutenir ses droits, mieux que les siens ceux de ses enfants.

Et il y a encore beaucoup d'autres cas, que nous n'énumérerons pas, où elle doit sortir de son rôle, malheureusement.

Mais, alors même, nous voudrions qu'elle restât femme, délicieusement femme, ce qui ne l'empêcherait pas d'être ferme et de défendre vaillamment ses intérêts. Elle aurait bien plus de puissance si elle se gardait d'affecter la science d'un vieux procureur, d'un avoué retors, voire même celle d'un simple notaire : plus fort qu'elle, malgré le savoir qu'elle peut avoir acquis, l'homme s'amuse à la vaincre, à triompher d'elle. Armée simplement de la logique naturelle, de la logique féminine, éclairée par le bon sens, elle combattrait d'autant plus sûrement qu'elle ne se perdrait pas dans l'obscurité des textes, et elle obtiendrait victoire, parce que l'homme se méfie peu, en général, de l'intuition de la femme.

Mais je voulais surtout parler des apparences qu'elle doit garder. Avant tout, qu'elle cherche à se rendre maîtresse de ses nerfs, qu'elle se cuirasse contre les vilenies et les injustices qu'elle peut découvrir. Il lui faudrait cette impassibilité qui est le grand art du diplomate ; qui lui permettrait de garder le ton doux et simple, les façons gracieuses, l'air réservé, et garantirait sa dignité, irait parfois jusqu'à lui concilier ses adversaires, au moins à les rendre moins désireux de l'accabler. Quand elle doit témoigner son mécontentement, quand on l'a gravement lésée, qu'elle s'éloigne plutôt froidement, dignement, sans récriminer. C'est par lettre qu'elle exprimera sa pensée. Dans la discussion, la rudesse masculine aurait bien vite raison d'elle.

Trop souvent, elle s'imagine qu'il est nécessaire

d'adopter des manières tranchantes, un ton autoritaire et décidé, une allure cavalière, pour affirmer qu'elle est capable de prendre soin de ses intérêts, de combattre pour le maintien de son droit. Une fermeté douce lui donnerait un pouvoir bien plus grand ; rares sont les hommes qui peuvent se soustraire au charme d'une vraie femme et qui ne rendent les armes devant cette finesse doublée de loyauté et cette honnêteté exquise qu'elle apporte dans la défense. Je dis la défense, car il n'est pas commun qu'une femme attaque, bien peu savent se résoudre à entamer les procès.

L'âpreté révolte encore plus chez la femme que chez l'homme. On attend d'elle qu'elle soit aussi conciliante que ses intérêts le permettent, qu'elle aille aussi loin que possible dans la voie des concessions, qu'elle fasse preuve de bon vouloir, qu'elle n'use de rigueur qu'à regret et contrainte et forcée.

La femme ne doit pas se passionner pour les vilaines choses matérielles. Elle ne doit pas être animée d'un vain désir de victoire : il est trop naturel qu'elle souhaite voir triompher son droit, mais elle n'a pas de joie exultante pour insulter à la chute de son adversaire.

En faisant métier d'homme, lorsque les circonstances l'y obligent, qu'elle sache rester femme, c'est-à-dire bonté, générosité, charité. Et toutes les fois qu'il lui est loisible de se détourner des affaires, qu'elle s'en félicite.

En s'occupant de ces choses qui ne sont pas de son ressort, elle risque de perdre sa grâce — le plus beau de ses dons, — et son bonheur, car, dans la lutte, elle est brisée toujours, plus ou moins.

Qu'elle ne sorte donc de sa maison, de son rôle, que si de graves raisons l'y obligent.

La femme doit ambitionner de vivre à l'ombre plus qu'à la lumière, à son foyer plus que dans le monde, près des berceaux plutôt qu'au milieu des hommes.

La maîtresse-femme.

Je suis encore certaine qu'une femme obligée de diriger une exploitation obtiendrait bien moins de dévouement de ceux qu'elle emploierait en posant pour une « maîtresse-femme » qu'en restant dans la note absolument féminine. Qu'on sente seulement en elle de l'intelligence et une force douce. Mais qu'elle ne néglige pas le soin de plaire, à ceux qui dépendent d'elle, en gardant un ton affable et simple, la distinction des manières et toute la charmante coquetterie qui est non seulement permise mais ordonnée à la femme. On sait bien que je ne conseille pas le rôle de séductrice, mais que j'engage à offrir, dans tout son ensemble moral et physique, un spectacle exquis à l'œil d'autrui.

La femme virilisée, rude, masculine, ou la femme dure et sèche est sans pouvoir. L'honnête femme pleine de grâce a pu souvent compter sur un zèle allant jusqu'au fanatisme.

La maîtresse-femme n'est plus femme. Celle qui doit faire œuvre d'homme, c'est-à-dire remplacer un mari mort, absent ou incapable, peut cependant conserver des façons douces, gracieuses, réservées.

La maîtresse-femme se croit tenue de parler d'un ton raide ou brusque. Rien ne déplaît autant aux hommes. Il suffit bien d'être prudente et ferme, mais, sous l'air sérieux forcément adopté par la femme qui tient un rôle qui n'est pas le sien, il est bon qu'on sente un fond moelleux, qu'on devine qu'elle reste tendre, modeste, sensible.

Dire d'une femme : « Elle porte la culotte » (expression aussi laide que triviale), c'est la ridiculiser encore plus que son mari. Quand il faut en arriver là, c'est-à-dire quand il faut prendre la place que l'époux, le père de famille ne peut pas remplir, — on devrait être très malheureuse et, par pudeur pour soi-même, par pitié pour celui qui est déchu de son rang de chef et de protecteur, il conviendrait de dissimuler à tous cette situation, fausse et pénible, comme tout ce qui est anormal.

Lorsqu'une femme est amenée à se mettre à la tête d'un établissement, à conduire des hommes, au lieu et place d'un mari — indolent, dissipateur ou seulement souffrant, elle fait bien d'user de subterfuge, de prendre le ton d'une personne qui ne fait que transmettre des ordres : « Mon mari m'a chargée de vous dire… ». « Mon mari désire que vous fassiez telle chose. »

L'injonction sera mieux accueillie, si on la croit tombée des lèvres d'un homme. En général, les hommes n'aiment pas à être commandés par une femme : ils sont humiliés, l'obéissance leur est plus difficile.

Mais ce sont surtout les ordres donnés d'une voix brève par une virago, que les hommes répugnent à exécuter. Ils supportent encore plus impatiemment l'autorité d'une femme qui n'a pas su rester femme, qui ne leur est pas supérieure en charme, et qu'ils jugent inférieure au point de vue technique.

Insolente, dure, grossière, une femme n'obtiendra rien de la nature masculine, ni respect, ni soumission. Non plus celle qui se sert des armes plus féminines mais empoisonnées : l'impertinence et l'ironie, armes des créatures froides et cruelles.

Même dans l'accomplissement de ses fonctions de ménagère, je conseillerai à la femme de ne pas se donner d'airs importants, ni de travailler avec ostentation, ni de faire de bruit pour bien affirmer son action.

Une vraie femme est un peu fée : il semble qu'elle n'ait qu'à toucher les choses d'une baguette magique pour faire des miracles. Légère, souriante, elle expédie les besognes désagréables, sans qu'on sache même qu'elle y prenne part.

On sait bien que c'est à elle qu'on doit le bien-être, le confort délicat dont on jouit, que c'est elle qui a établi une organisation exquise dans tout le logis ; c'est l'œuvre de ses mains ou de sa surveillance incessante, mais si elle veut bien qu'on sente les féconds effets de son activité, par une délicieuse coquetterie elle se refuse à laisser voir agir les causes.

Ce n'est pas elle qui commande à voix très haute, qui croit devoir prendre une expression sourcilleuse pour diriger la maison, qui assume des airs soucieux, affairés, pour acheter un poulet, ni qui remue avec bruit la vaisselle, l'argenterie, — ce qui témoigne, avec bien d'autres choses encore, qu'on est ennemie de la simplicité, de l'effacement, qu'on manque de douceur dans le caractère et de féminité dans les manières, ce qui décèle le désir d'attirer l'attention, de prendre une large place et d'établir sa domination.

La vraie femme s'abstient de faire du tapage, de la piaffe, chez elle et chez les autres, dans toutes les circonstances.

Partout, elle va d'un pas égal et tranquille, avec des mouvements harmonieux. On ne l'entend pas, mais tout le monde autour d'elle profite des effets de son action bienfaisante dans la maison.

La femme qu'on aime.

Pour se faire aimer, la femme n'a pas besoin d'être douée d'une beauté idéale, ni d'une intelligence transcendante, ni même de vertus extraordinaires.

Il suffit qu'elle possède quelques qualités qui n'ont rien de surhumain, qu'elle peut toujours acquérir.

La femme qu'on aime n'est pas prude, ce qui ne prouve rien et ne défend nullement. Mais en toutes circonstances, elle se montre si réservée — ce qui n'exclut pas du tout le ton aimable, — que les hommes de son entourage ne penseraient pas à lui manquer de respect.

Jamais une femme n'est obligée de prendre des airs hautains, offensés, froids, dédaigneux, pour tenir les hommes à distance. Elle n'a qu'à observer une retenue parfaite. Ainsi, elle n'appellera pas — et ne désignera pas non plus en leur absence, — les hommes de son monde par leur prénom ou leur nom patronymique. Elle le fera toujours précéder du mot *Monsieur*. On ne risque pas de familiarités déplacées avec une femme qui est non pas cérémonieusement mais soigneusement polie.

La femme qu'on aime se garde des airs profonds et supérieurs. Elle a parfois une intelligence élevée, mais elle possède assez de tact et de bon sens pour n'être jamais traitée en bas-bleu, pour n'être jamais taxée de pédanterie.

Elle n'affiche pas non plus une indépendance excessive d'esprit ni de caractère... bien qu'elle ne plie pas en toutes occasions comme une esclave, bien qu'elle ne courbe pas servilement le front devant les préjugés absurdes. Elle sait que, si un homme peut braver l'opinion, une femme doit s'y soumettre, et que cette dépendance est une grâce.

Aussi sait-elle faire les concessions nécessaires aux sentiments d'autrui. Observatrice de nature, pleine de finesse, elle connaît vite les gens et lorsque leurs vues lui paraissent respectables ou seulement acceptables, elle ne leur rompt pas en visière pour le plaisir puéril et vaniteux d'affirmer sa supériorité en rejetant une opinion surannée, mais encore chère à ceux qui la professent.

La femme qui veut être aimée doit être fidèle et généreuse dans ses amitiés ; sincère avec tous. Elle tâche d'être douce et calme et prudente. Si elle est née violente, emportée, toute de premier mouvement, elle essaie de se corriger ; elle sait de quel prix est la douceur, combien cette qualité si féminine contribue au bonheur de celle qui en est douée et des gens qui l'entourent. Elle a reconnu aussi que le défaut de réflexion, d'examen, avant la parole ou l'action peut causer de grands malheurs.

Cette femme rayonne de trop de charme pour être triomphante, ni conquérante, ni exubérante ; elle ne se laisse même pas aller à trop de brio, elle recherche bien plus la précieuse sympathie que l'admiration dangereuse. Elle n'aime pas à attirer l'attention.

Elle est remarquablement honnête et loyale dans toutes les circonstances petites et grandes de la vie sociale. Elle serait désolée de faire à quiconque un tort moral ou matériel. Digne et fière aussi, elle rougirait d'être considérée comme une *intrigueuse*, ainsi qu'on disait au xviiie siècle, lorsque l'expression *intrigante* était trop forte, caractérisait trop brutalement ce genre d'esprit qui porte à troubler les autres et soi.

Vous pensez bien que cette femme ne prend jamais des airs de condescendance impertinente et de mépris doux. Elle ne saurait être hautaine ni toiser avec insolence ceux qui ne sont pas placés sur l'échelle sociale au degré où elle se trouve. Si haut située qu'elle soit, elle sait être *cordiale* avec ceux qui sont au-dessous d'elle.

Aimante, affectueuse, sa nature transparaît en toutes occasions ; elle est accueillante pour tous, elle se reprocherait de faire attendre au salon un visiteur, de ne pas recevoir sur l'heure un marchand ou un solliciteur.

Elle ne paraît jamais s'apercevoir d'une défectuosité physique. Elle la voit, comme tout le monde, mais celui qui en est affligé croit qu'elle ne l'a pas remarquée. Elle n'en détourne pas les yeux, ce qui serait maladroit... ou blessant, mais son regard ne pèse pas sur le défaut qu'on voudrait dissimuler. Et, ainsi, elle convainc le principal intéressé que la disgrâce dont il souffre est assez insignifiante pour n'exciter aucune curiosité, s'attirer aucune attention.

Il faut qu'elle n'ait pas l'ombre d'égoïsme, car elle fait passer les convenances des autres avant les siennes propres et même leurs plaisirs. Il lui serait impossible de trouver de l'agrément à faire une chose qui lui plaît, si cette chose déplaisait à autrui.

Une telle femme ne saurait être capricieuse. Elle est en conséquence très exacte. Pas plus qu'un honnête homme elle ne manque au moindre de ses engagements, s'agît-il seulement de l'acceptation d'une promenade. Elle tient toutes ses promesses, aussi réfléchit-elle avant d'en faire aucune, parce qu'elle serait peinée de se trouver dans l'impossibilité de l'exécuter. On l'aimerait rien que pour sa sûreté de caractère.

Douée de beaucoup de tact, elle n'est jamais importune. S'aperçoit-elle qu'une circonstance rend sa présence gênante, elle disparaît sans qu'on puisse se douter qu'elle a compris le malaise où son arrivée jetait les gens.

Elle n'est pas toujours d'une grande gaieté, elle peut avoir de la mélancolie au fond de l'âme, mais elle est sereine, égale dans son humeur. Du reste, lorsqu'elle est troublée, fatiguée, contrariée, c'est dans le silence et le calme de sa chambre ou d'une promenade solitaire qu'elle cherche à se reprendre, à faire disparaître toute trace d'agitation.

Elle n'ignore pas qu'elle est l'âme du cercle où elle se meut, et que son inquiétude, son angoisse se refléterait douloureusement sur tout son entourage.

Il est à peine besoin de dire que si — en voyage, au milieu d'une partie de plaisir, dans toutes les circonstances, un incident désagréable, ennuyeux, vient à se produire, personne mieux qu'elle ne le supporte avec tranquillité et résignation.

Il est encore superflu peut-être d'ajouter que cette femme se garde bien de prendre des airs de régenter tout le monde, de donner, d'un ton capable, des conseils qu'on ne lui demande pas.

Et, même, lorsqu'on réclame ou sollicite son avis, elle se récuse d'abord avec modestie, parce qu'elle n'a pas une confiance aveugle dans sa compétence en toutes choses : elle craint d'égarer les autres, de les engager dans une voie fausse ou mauvaise. Dans le cas seulement où elle est bien certaine de pouvoir donner un conseil profitable, un éclaircissement salutaire, elle consent à assumer le rôle de Mentor, mais ce rôle, elle le tient avec sa grâce parfaite et douce, s'excusant presque de posséder tant de sagesse et de raison.

La femme qu'on aime n'est pas toujours belle, mais elle travaille sur elle-même pour obtenir quelque beauté et elle y parvient ; elle est toujours gracieuse ou le devient facilement.

Par la force de sa bonté, parce qu'elle s'est

domptée, raffinée, *spiritualisée*, elle possède un pouvoir magnétique et bienfaisant. Auprès d'elle tout le monde se trouve heureux, à l'aise. Chacun sait lui exprimer ses pensées les plus nobles, ses sentiments les meilleurs. Autour d'elle l'atmosphère est chaude et douce; jamais, à son contact, les nerveux n'éprouvent cette sensation de gêne et de froid où les jettent les natures raides et glacées, toutes bonnes qu'elles peuvent être au fond.

Mais la bonté doit se manifester : « N'espérez pas, dit la marquise de Blocqueville, vous faire aimer en aimant (seulement), avant tout, il faut être aimable. »

La bienveillance.

La bienveillance est une des qualités humaines les plus fécondes en résultats heureux.

Il appartient surtout à la femme d'être bienveillante. Etre bienveillante, c'est voir la vie et les gens en beau. Les femmes malveillantes dénigrent les êtres et les choses, par conséquent elles désenchantent de ce monde ; cependant la mission de la femme est de maintenir le courage et l'espérance au cœur de l'homme.

L'indulgence découle de la bienveillance. Les

personnes bienveillantes excusent les torts, les fautes, y cherchent, au moins, des atténuations. Leurs amis leur paraissent-ils moins aimables, elles ne prennent pas immédiatement un air fâché, offensé. Elles savent se dire qu'une inquiétude inavouée peut produire une irritabilité momentanée, qu'une peine dissimulée aigrit peut-être pour un instant le caractère le meilleur. Et elles attendent que les esprits aient repris leur assiette.

La sympathie naît de la bienveillance, aussi bien chez celui qui pratique cette vertu que chez celui à qui cette bienveillance est témoignée.

Je sais qu'il est des esprits fâcheux qui nomment banalité la bienveillance universelle dont sont animées quelques personnes, trop rares à mon gré. Elles auraient bien tort de *se corriger*, ces natures charmantes qui ont pour objectif de procurer aux autres des satisfactions qu'il est, après tout, si facile de donner.

Du reste, pour avoir l'air content de tout le monde, il ne s'ensuit pas qu'on se défende les préférences. Mais tout en prodiguant une vive tendresse à quelques-uns, il peut, il doit nous rester encore assez de sympathie humaine pour être gracieux et bons à l'égard de chacun de nos semblables.

Qu'est-ce qu'il en coûte, pour dire un mot obligeant, pour sourire même au premier venu... comme on dit ? En sera-t-on moins affectueux, moins dévoué avec ceux qu'on aime davantage ? Non, au contraire, car le cœur s'élargit par la pratique de la bienveillance envers tous.

On s'attend à ce qu'une femme compatisse à toutes les peines, à toutes les douleurs, à toutes les misères. Mais si elle manquait de bienveillance, elle ne souffrirait pas des maux de son semblable. Pas plus qu'elle ne pourrait se réjouir de ses joies.

C'est la bienveillance qui a édicté les codes de savoir-vivre. La politesse n'a pas d'autre principe que celui-ci : Épargner à autrui toutes choses pénibles et désagréables, même dans les moindres cas. La bienveillance est une forme de l'amour que les hommes devraient éprouver les uns pour les autres.

Il n'y a que les personnes bienveillantes qui sachent faire bon visage aux gens les plus ennuyeux. Le prince de Ligne, cet homme si courtois, on peut ajouter si bienveillant, n'a-t-il pas dit : « Ce qui coûte le plus pour plaire, c'est de cacher que l'on s'ennuie. » Mais ce n'est pas impraticable pour une femme bienveillante.

J'ai toujours regretté que beaucoup de femmes soient bienveillantes pour les hommes... seulement. Elles devraient, au contraire, montrer une bienveillance plus grande aux personnes de leur sexe, les soutenir, les défendre, leur rendre tous les services qu'il est en leur pouvoir de leur rendre.

Mais hélas! plus d'une qui ont découvert une excellente couturière, une bonne modiste, hésitent à donner son adresse. Cela n'annonce guère de bon vouloir, pour les autres et plus graves circonstances.

Ce sont ces femmes-là qui ne se gênent pas pour laisser voir qu'elles s'ennuient dans la compagnie des autres femmes. Elles tombent dans le silence quand les hommes disparaissent du salon et ne recommencent à faire des frais d'esprit et d'amabilité que si l'élément masculin compte de nouveau dans la réunion.

Une femme bienveillante n'a pas de ces préférences-là. Ou... si elles sont plus fortes que sa volonté, comme elles sont blessantes, comme elles témoignent peu aussi en sa faveur d'une autre manière, elle les dissimule de son mieux. Une femme doit plutôt accentuer ses amabilités à l'égard des autres femmes. Il serait bon qu'elle ne négligeât pas plus ses amies célibataires ou veuves qui ne reçoivent pas d'hommes, que ses amies mariées et ayant état de maison.

L'aveu d'un tort, d'une erreur.

L'obstination, l'entêtement sont des défauts vraiment exaspérants pour ceux qui en ressentent les effets ; et ils causent bien des ennuis et souvent des malheurs à ceux qui en sont affligés et ne veulent pas s'en corriger.

Il y a beaucoup d'orgueil et un manque absolu de grâce, au fond de l'entêtement et de l'obstination. C'est pour se croire être d'exception ou pour faire croire qu'on est au-dessus du vulgaire, qu'on veut avoir raison en toutes circonstances, envers et contre tous, malgré tout. Une énorme vanité empêche d'avouer qu'on a eu tort, qu'on s'est trompé, qu'on a pu, une fois ! — manquer d'intelligence, de perspicacité ; qu'on est comme tous les hommes sujet à l'erreur et à la faiblesse.

Mais ce sont parfois les entêtés qui ont à reprocher un tort, une faute commise contre eux. Soyez certain qu'ils ne la pardonneront jamais, malgré le repentir que le coupable pourra en témoigner. Encore l'orgueil ! Est-ce qu'on devrait manquer à ces demi-dieux ! Ils croient de leur dignité de rester inflexibles. Le crime n'est-il pas irrémissible... quand ce sont eux qui sont blessés ?

Mais que ce soit eux qui aient péché, ils ne consentiront jamais à reconnaître leur tort. Ils s'obstineront à le nier malgré l'évidence. Ne sont-ils pas impeccables ?

Ils ignorent l'art de se faire pardonner, que dis-je ? ils prétendent n'avoir *jamais* rien à se faire pardonner.

Ils excitent ainsi de terribles colères chez les gens vifs et bouillants. Ils font beaucoup souffrir, du reste, tous ceux qui sont en rapport avec eux.

Il y a pourtant beaucoup de noblesse à avouer un tort qu'on a eu, volontairement ou involontairement, beaucoup de grâce à reconnaître une erreur. On pardonne très facilement aux gens qui ont la bonne foi de convenir que la raison n'est pas de leur côté.

Les plus exquises natures sont encore imparfaites puisqu'elles appartiennent à la perfectible humanité, elles peuvent donc se mettre parfois dans le cas de se faire reprocher un tort. Mais elles savent désarmer la colère et la rancune par un aveu plein de dignité et de spontanéité, en exprimant un regret avec grâce, en réparant de leur mieux leur faute.

Pareille conduite n'entame pas la fierté, qu'on le sache, mais elle démontre qu'on foule aux pieds le sot orgueil, l'absurde vanité, ces obstacles à la grâce morale.

L'originalité.

Par originalité, je n'entends, on le sent bien, ni la bizarrerie, ni la singularité, mais l'individualité et même la personnalité, dans le bon sens, c'est-à-dire, comme l'enseigne l'académie, « ce qui constitue la personne et nous rend distinct des autres ».

L'originalité dont je veux parler consiste donc à être soi-même et non pas une copie, un exemplaire d'un type répandu.

Cela s'applique aux hommes comme aux femmes, mais, m'adressant toujours particulièrement à celles-ci, je leur dirai : Si vous voulez être *quelqu'un*, ne singez ni l'Anglaise, ni l'Américaine, ni la Viennoise... ni même la Parisienne; ni une grande dame ni une grande actrice, ni même une ingénue, ni une virago... pas même votre sœur ou votre mère.

L'imitation est une chose détestable, en ce sens qu'elle offense le vrai. Ne vous étudiez pas à marcher comme votre amie, eût-elle la plus jolie tournure du monde ; on sentirait le mensonge de cette désinvolture empruntée, dont vous ne nous offririez, au reste, que la caricature. Corrigez dans votre allure ce que vous pouvez réformer, c'est très permis et c'est loin d'être impraticable, nous l'avons dit. Puis contentez-vous de votre propre démarche, qui sera en harmonie avec votre propre structure, — et, croyez-moi, dans l'harmonie seule réside toute beauté.

Il faut être soi-même, je le répète. Soi-même, cultivée physiquement, moralement, intellectuellement ; soi-même, moins les défauts qu'on peut extirper, embellie des grâces qu'on peut développer ; soi-même, fût-ce au point de vue de la toilette.

On aime les individualités, par la raison que, s'il n'y avait aucune différenciation entre les êtres humains, ou trop peu de différenciation, il en résulterait une monotonie accablante qui dégoûterait de la vie. La nature a voulu, dans tous les règnes, dans toutes les espèces, la variété dans l'unité.

Osez donc être une femme distincte, ne vous confondez pas dans la foule. Osez revêtir votre couleur propre. Osez être vous-même, si vous avez retranché en vous tout ce qui était laid et mauvais. Osez être originale, sans aller jusqu'à l'étrangeté, sans vous affranchir des grandes règles générales, pourvu que vous gardiez la réserve et la fierté féminines.

Vous serez intéressante si vous êtes vous-même,

quel que soit votre aspect et non si vous vous réduisez à imiter un modèle.

La nature qui, sur le même arbre, n'a pas voulu deux feuilles entièrement semblables, n'admet pas davantage dans l'espèce humaine de ressemblance exacte.

Mais, hélas! on est à ce point snob, esclave de la routine et de la paresse intellectuelle surtout, qu'on prend le *la* d'un être admiré sottement, le plus souvent, dont on s'est engoué et qu'on veut refléter.

Etre pareil aux autres, à ceux de son clan, c'est toute l'ambition, tourner dans le même cercle d'idées et de préjugés, toute la gloire.

On rougirait, au milieu de ces pièces usées qui roulent dans la circulation, de faire l'effet d'une pure médaille, frappée à un seul exemplaire.

Dieu sait que c'est pourtant une lourde faute contre soi-même. Nous avons au moins voulu la signaler.

Il ne faut même pas se laisser estampiller de l'empreinte de l'époque qu'on traverse, affecter des façons d'être et des manières de voir fin de siècle ou commencement de siècle. Il faut être l'humanité, chacun avec notre marque particulière, individuelle. Ainsi on vieillit moins vite et l'on n'est jamais démodé. Voyez ce qui arrive pour les choses de l'esprit : une foule d'écrivains qui réfléchissaient dans leurs œuvres leur temps et les gens de leur temps, n'ont pas conservé un seul lecteur. Ceux, au contraire, qui ont pensé par eux-mêmes et qui ont reflété seulement la nature éternelle, sont toujours compris et aimés par les générations qui se succèdent.

La pose.

On confond trop souvent l'air maniéré avec la dictinction native ou due à l'éducation.

Le maniérisme n'est pas plus la distinction que la raideur n'est la dignité ou que l'orgueil n'est la fierté.

Les gens qui sont doués d'une vraie distinction vont jusqu'à ignorer qu'ils possèdent ce don très précieux. L'aisance de parole, l'élégance de geste et de démarche que l'on remarque en eux, leurs exquises qualités morales sont l'œuvre de la nature ou, s'ils les ont acquises, c'est en toute simplicité, dans le louable désir de se perfectionner et non d'éblouir leur entourage ; en conséquence, elles leur sont devenues une seconde nature.

La pose, c'est-à-dire les façons étudiées sont, au contraire, tout à fait opposées à la distinction réelle.

Ainsi, autant la politesse nous rend agréables, parce qu'elle est le juste tribut que nous devons à autrui, autant le ton cérémonieux est insupportable : les gens formalistes obligeant les autres à une attention fatigante. Il est ennuyeux de penser qu'on sera taxé de grossièreté, si on manque au moindre détail du cérémonial, par les gens qui confondent l'étiquette puérile avec le savoir-vivre véritable. Eh bien ! les personnes qui se distinguent de la masse par leur grâce et leur charme sont parfaitement polies, mais comme en se jouant, sans effort et sans appuyer. Les poseurs font mille cérémonies absurdes et manquent assez souvent aux règles élémentaires de la politesse.

Il y a des personnes qui sont prêtes pour toutes les situations. Que le destin les porte à une certaine hauteur, elles pourront respirer dans cette atmosphère, leurs poumons s'accoutument immédiatement à toutes les ambiances. Tirées d'une cabane et amenées dans un château, c'est dans ce dernier lieu qu'elles semblent nées : elles prennent tout de suite le ton, elles parlent sans difficulté la langue de ceux parmi lesquels elles se trouvent transportées... sans rien perdre... *parce qu'elles* ne perdent rien de leur remarquable individualité.

D'autres, au contraire, si elles montent, se sentent oppressées dans cet air nouveau. C'est ce malaise qu'elles éprouvent qui leur donne un air guindé et leur fait perdre tout agrément. Si elles pouvaient se rendre compte du tort qu'elles se font en se composant, en forçant leur nature, en se gourmant ! Il est bon, sans doute, de se travailler pour affiner ce qu'on a de fruste en soi, d'observer les autres et de se conduire avec assez de réserve et de retenue pour n'être déplacé en aucune occasion, mais toute autre chose est d'affecter une morgue ridicule, de s'empeser, de poser pour l'impeccabilité des manières.

Il n'y a que l'habitude constante des bonnes façons, habitude facile à acquérir si on se surveille sans relâche aussi bien en famille et dans la solitude que dans le monde, qui nous débarrasse de ces allures apprêtées, si déplaisantes aux yeux des gens de goût. Et, seule, la culture en nous des nobles sentiments peut nous revêtir de cette élégance morale qui est la distinction réelle.

Je sais bien qu'il se produit un grand étonnement, voire une désillusion profonde chez les gens qui vivent loin du monde, quand ils sont admis en présence d'un grand personnage aux manières simples et accueillantes. Ils s'attendaient à trouver un homme aux façons hautaines, au port de tête altier, à l'air dédaigneux ou méprisant. Ils s'étaient créé cet... idéal ! Et ils sont bien fâchés, semble-t-il, de ne rencontrer qu'un être qui se distingue par sa bonté et sa grâce de cœur, qui ne pense pas à se faire valoir, qui serait, d'ailleurs, honteux de s'attirer leur admiration par des attitudes factices et des moyens que sa bienveillance réprouve.

Ces pauvres gens, qui s'en retournent désappointés pour n'avoir pas vu réalisé leur rêve du grand homme, ce sont les poseurs insupportables de l'avenir, si le sort les fait un peu sortir de leur présente obscurité. Ils voudront sauver l'idée qu'ils s'étaient faite des personnes illustres ou célèbres, ou seulement riches.

J'ai été souvent attristée, en remarquant chez ceux qu'on appelle les inférieurs, plus de respect ou, du moins, de servilité, pour ceux qui, — posant pour une supériorité quelconque, — les traitent avec dédain, que pour les gens qui honorent — chez les plus humbles comme chez leurs égaux, — la dignité humaine, le titre d'homme.

Mais j'espère qu'aux temps prochains, ce sentiment un peu dégradant disparaîtra, et que la déférence ira plutôt à la bonté généreuse et simple, à la vertu ou au génie.

La prétention.

La prétention et l'amour du moi affectent toutes les formes. — Il y a des gens qui ne peuvent se targuer de talent ou de génie, de beauté ou de grâce, qui conviennent même de leur médiocrité intellectuelle ou physique, mais qui, par contre, exaltent sans se lasser leur valeur morale : « Je suis trop honnête », « je suis trop délicat », « moi, je ne pourrais mentir », « moi, je serais incapable de commettre la plus petite action répréhensible, dût-elle être toujours ignorée de tous », etc., etc., etc.

A quoi j'ai entendu répondre un jour : « Mais il y a beaucoup de personnes comme vous... seulement elles ne se vantent pas de choses qui sont fort naturelles, qui *doivent être*. »

C'est Voltaire, je crois, qui a dit : « Il n'est rien de si fade que ces héroïnes qui nous rebattent sans cesse les oreilles de leur vertu. » Je ne sais trop, en effet, si on ne supporte pas mieux le sentiment d'orgueil que peut faire naître, chez celui qui en est doué, une grande beauté ou un grand talent. Ce n'est au moins pas chose ordinaire... et bien qu'on puisse se dire que beauté ou talent est un *don*, duquel il faut bien plutôt remercier la Providence que d'en tirer vanité, dont on doit faire jouir les autres sans songer à exiger un tribut d'admiration.

Du reste, il n'y a de sympathique admiration que pour ceux qui ne pensent pas la mériter ou qui, tout au moins, ne la réclament pas.

Cette terrible prétention d'être au-dessus des autres, au moins par un côté quelconque, transparaît de mille façons.

On se croit plus judicieux que qui que ce soit, plus clairvoyant, plus observateur, plus travailleur, plus actif, plus habile. On prétend avoir plus de goût, plus de savoir-faire, plus d'expérience, plus de raison, de sagesse. On veut tout connaître, tout savoir, ne jamais commettre d'erreur ni de maladresse. On affirme que ses enfants sont les plus beaux, les mieux doués, etc., etc. Il est bien inutile d'énumérer tous les aspects de la prétention.

Les gens prétentieux exaspèrent ceux qui leur ressemblent. Les philosophes ont pitié d'eux et haussent les épaules n'essayant même pas de les faire revenir à des idées plus saines et plus justes, ce à quoi ils ne réussiraient pas. Les moqueurs font des gorges chaudes; les naïfs croient au mérite dont se vantent ces personnes infatuées d'elles-mêmes.

Les gens de bon sens sont forcés de réprimer l'agacement, l'énervement dans lequel les mettent ces sottes vantardises.

Sans avoir fait aucune sorte d'étude artistique, les gens prétentieux ne croient-ils pas pouvoir tout juger, tout apprécier... et déprécier surtout ?

Aux salons de peinture, il est navrant d'entendre les réflexions des gens qui n'ont souvent aucune connaissance en tant que dessin, coloris et composition. Je parle, bien entendu, des remarques *désobligeantes* des ignorants *prétentieux*. Car il y a des appréciations naïves qui ne sont pas bêtes du tout : celles-ci amusent, les autres ridiculisent leur auteur.

Toute admiration, même mal fondée, peut s'exprimer, pourvu que ce soit avec modestie. Si on entend dire : « Je ne suis pas connaisseur, mais j'aime cela, je trouve cela joli », on pourra penser, si l'œuvre est mauvaise : « Ce monsieur n'est pas artiste ; » on ne murmurera pas : « Quel sot ! » Et on cherchera à découvrir ce qui a pu lui plaire, au milieu des défauts qu'on constate, et on y arrivera certainement : le tableau ou la statue doit en effet posséder une qualité. Elle eût peut-être passé inaperçue si le brave homme, « qui n'y entend rien, » n'en avait été frappé.

Mais les êtres nerveux sont horriblement agacés des critiques *à tort et à travers* qu'ils entendent formuler par des gens qui n'ont aucune idée de l'art ; et les éloges de ces mêmes gens, distribués du même ton sentencieux, avec des expressions techniques ramassées au hasard, ne sont guère moins désagréables à entendre... fût-ce pour celui qui en est l'objet.

C'est qu'il est bon de mettre une certaine modestie, même dans les louanges que l'on donne : « A mon humble avis, c'est fort beau. » « Ce tableau me plaît beaucoup. » « Je ne sais ce qu'en pensent les connaisseurs, mais cela me paraît charmant. » Il va sans dire que les personnes autorisées (qui ont une vraie éducation artistique), les hommes surtout, peuvent exprimer leur admiration d'une manière moins réservée, en se servant des termes de « métier ».

Quant aux défauts d'une œuvre, il est bon, quel qu'on soit, de ne pas les signaler tout haut en plein Salon, où le malheureux artiste écoute peut-être; où on lui fait tort auprès de ceux qui aiment à recevoir leurs impressions toutes faites des gens qui parlent d'une voix assurée et d'un ton sans réplique. — Le critique d'art a son feuilleton où il pourra dire toute sa pensée, puisqu'il est obligé de juger en toute bonne foi; ceux qui n'y sont pas forcés ne diront pas leur sentiment au public, pas plus au Salon qu'ailleurs, en dehors du cercle d'amis et de connaissances.

Afféterie et affectation.

Pour être agréable, pour plaire, pour être aimé longtemps, il faut se garder de toute affectation, c'est-à-dire se garder de parler et d'agir contre sa nature ou seulement d'exagérer ses sentiments et de mettre de l'apprêt dans ses manières. L'afféterie, c'est-à-dire la prétention à un raffinement excessif, n'est guère moins insupportable.

L'affectation est de deux sortes. L'une, qui se pardonne encore aisément, mais dont on rit beaucoup *in petto*, consiste à feindre des airs et des façons dans le désir de se faire remarquer. C'est vers 1830, je crois, que les hommes prenaient un air fatal, à la Childe-Harold, sans avoir rien de démoniaque dans l'âme.

Plus tard, c'est l'influence Schopenhauer qui domine. En pleine jeunesse, sans avoir sujet d'être affligé, sans être porté à la mélancolie, on affecte un air désenchanté... parce que le désenchantement est à la mode, — comme si la vie vous avait trompé et enlevé toute illusion.

Encore, si une femme a le caractère un peu triste et l'aspect doux, si on l'a trouvée touchante, elle va pousser jusqu'à l'élégie.

Des yeux tendres paraîtront endormis pour s'être

chargés de plus de langueur qu'ils n'en possédaient.

Ou, douée d'une physionomie expressive, on roule des yeux pour paraître inspirée, on s'exalte, on s'excite à froid.

Une femme qui entend vanter sa vivacité, sa gaieté, gâte tout en allant jusqu'à la turbulence, la gaminerie, en faisant l'étourdie, la folle.

On classe dans ce genre d'affectation les grands airs, les manières compassées, les airs légers, le langage emphatique ou enfantin, les gestes prétentieux, les allures imitées... telle la petite femme qui se raidit pour obtenir l'air imposant, majestueux de sa grande sœur.

Les personnes qui affectent des manières ou qui exagèrent des défauts et des qualités, jusqu'à la charge, se croient bien intéressantes, elles ne sont que ridicules... à tous les yeux.

On affecte encore, vivant très simplement et pour cause, de faire croire qu'on nage en pleine splendeur, qu'on a, en conséquence, des habitudes, des goûts d'une délicatesse inouïe. On se montre plus difficile à satisfaire que les gens nés dans une réelle opulence. Pauvres gens qui ne trompent personne ! A mille indices ne reconnaît-on pas la pauvreté ? Ils auraient mieux forcé l'admiration des personnes raisonnables en avouant qu'avec des désirs au-dessus de leur fortune, ils savent se passer stoïquement d'une foule de choses et s'imposer des privations et les subir avec courage.

(Le mieux encore aurait été de ne parler en aucune façon de sa situation.)

Cette affectation, très commune dans les Espagnes où l'on a la passion de l'ostentation, est encore du genre ridicule, seulement.

Mais l'autre sorte d'affectation confine à l'hypocrisie et elle est souverainement condamnable. Nous nous en rendons coupables, quand nous cachons des défauts dangereux sous des dehors vertueux ; quand nous simulons, par bon ton et respect humain, des opinions contraires à notre manière de voir et d'agir ; quand nous nous parons, par calcul bas ou pour inspirer l'admiration, de sentiments d'affection, de désintéressement ou de délicatesse, que nous sommes loin d'éprouver.

Il est encore moins permis de farder son cœur que son visage, il faut seulement essayer de l'améliorer. Il est mille fois plus facile, du reste, de mettre tous ses soins à acquérir de nobles qualités et des sentiments généreux qu'à les affecter. On ne réussit pas longtemps à faire accepter comme vrai ce qui est faux. Sous les plumes du paon transparaissent toujours celles du geai que nous sommes.

Un talent supérieur de comédien ne suffit pas pour maintenir une réputation usurpée ; les gens ne se laissent jamais tromper longtemps. Il arrive toujours un moment où on se laisse surprendre, où une oreille juste saisit une dissonance, où un indice léger éveille la méfiance des observateurs.

La vérité seule est belle, est habile, est sûre.

L'afféterie n'est qu'une fausse élégance.

Elle a, comme l'affectation, des manifestations variées selon les époques, les modes.

Pendant un certain temps, les femmes, les jeunes filles surtout, voulant passer pour des sylphes, pour de purs esprits, se refusaient à se nourrir comme tout le monde. On avait honte de manger de la soupe (fi !) et de boire de l'eau rougie... en public.

Et du vin, donc ! du vin rouge ! surtout. Il est bien certain qu'une femme doit le tromper fortement, mais s'il arrivait à une jeune fille de boire un travers de doigt de vin de Bordeaux, les sylphes s'écriaient : « Horreur ! la vulgaire créature ! » On ne devait pas manger de poularde ni même d'œufs frais ; à peine une tranche d'ananas, un quartier de pêche, une douzaine de fraises, un four glacé. Du lait de vache ! Mais c'était monstrueux ! *Peut-être* du lait de brebis coupé. J'aime à penser qu'on ne disait pas : « Quelles éthérées ! » mais « quelles sottes ! » surtout lorsqu'on savait que ces sylphes se faisaient servir, en rentrant au logis, un beefsteak sanglant, entouré d'une douzaine de pommes de terre.

Les gestes mignards, les façons câlines, les mines coquettes, surtout si c'est une femme forte et vigoureuse ou une femme *sur le retour* qui les met en œuvre, prêtent d'autant plus à rire, qu'à un certain âge et avec certaines apparences, le naturel et la simplicité s'imposent encore davantage.

C'est comme la femme d'un âge mûr qui joue à la gamine... ou à l'ingénue, l'innocente. C'est très bien de ne pas vouloir faire sa partie dans une conversation déplacée et, fût-on octogénaire, on ne doit pas tenir certains propos, ni montrer quelque plaisir à les entendre. Mais faire croire qu'on ne les comprend pas, voilà qui dépasse les bornes du goût.

C'est encore de l'afféterie qu'étaient nées les bergerades de l'Astrée et celles du xviii° siècle. Ces dernières passionnèrent les femmes de la cour de Marie-Antoinette. La vie soi-disant rustique de Trianon, malgré tous les raffinements imaginés par la royale fermière, — ou à cause de ces raffinements, — était absolument dépouillée de la vraie poésie, de celle que possède la réelle vie rurale, pour qui sait voir et comprendre cette poésie.

Mais, bien entendu, je n'incrimine pas les plaisirs après tout innocents, qu'une reine prenait dans son « village suisse »; cette affectation de vie simple, qui était un jeu, n'a rien de coupable.

L'afféterie est encore plus insupportable et déplaisante chez l'homme que chez la femme.

Aux yeux de celui qui aime la beauté, la rudesse et la brusquerie d'un paysan sont beaucoup moins désagréables que les attitudes apprêtées et musquées des *petits messieurs* et des *belles dames* qui ignorent que le faux est laideur.

« On dit aux jeunes personnes de l'un et de l'autre sexe, écrit un vieil auteur, que l'agrément consiste souvent dans les plus petites choses, dans un geste, dans un souris, dans un geste négligé[1]. En voilà assez pour leur faire prendre le dessein d'aller à la chasse de ces gestes, des airs négligés et de ces agréables souris; en voilà assez pour les rendre ridicules, car ces choses ne sont point l'objet de leur recherche, ni du désir qu'ils ont d'en venir à bout, ce sont les purs effets qui rayonnent au dehors des causes intérieures très réelles, qui sont la dignité de l'âme, l'habitude de la civilité, de la complaisance, et l'innocence des mœurs douces et sociables. »

Négligé est ici pour *naturel*.

Le naturel et la simplicité.

Les gens naturels sont, en général, recherchés et aimés, par la raison que le naturel n'est pas nécessairement la vulgarité, la trivialité, la brutalité.

Autrement ce serait partager l'opinion de cette femme de la cour de Marie-Antoinette qui, dans les ornements de sa coiffure, préférait les légumes aux fleurs disant : « C'est si simple les légumes, c'est *plus naturel* que les fleurs ! »

On peut être naturel avec des façons exquises, plus naturel que beaucoup de gens rudes et bourrus, qui accentuent leur brusquerie native sous prétexte de paraître naturels, « pas gênés », pas intimidés.

Une tenue débraillée n'annonce pas plus de naturel qu'une tenue correcte. Dans un cas comme dans l'autre, on cède à une inclination naturelle, seulement l'une est bonne et l'autre est mauvaise. Il faut suivre l'une et corriger l'autre.

On n'est pas moins naturel en agissant avec cette grâce charmante qui porte à s'effacer en toutes circonstances, pour obéir à une modestie innée, qu'en se mettant à l'aise partout et empiétant sur le droit des autres sous couleur de naturel.

Une personne qui ne présume pas d'elle-même,

qui craint de s'avancer, serait-elle moins naturelle que l'homme avantageux qui ne doute de rien, dont l'aplomb horripile les gens délicats?

Les femmes réservées sont probablement plus naturelles que les femmes hardies... qui contreviennent aux lois de la nature féminine.

Pour être naturel, il suffit d'être vrai, tel que la nature nous a fait, ou si l'œuvre de la nature laissait à désirer, tel que l'éducation, le travail sur nous-même nous a refait.

Le naturel et la simplicité sont frère et sœur puisque la simplicité consiste à ne se parer d'aucun sentiment qu'on n'éprouve pas, à ne prendre aucune allure qui ne soit l'allure propre. Et encore à ne pas accentuer trop son allure personnelle, à ne pas outrer l'expression des sentiments vrais.

La simplicité est vraiment une des qualités les plus charmantes et les plus attirantes. C'est que, quand on est simple, on n'éprouve pas en général un amour immodéré de soi-même, on ne prétend pas accaparer l'attention de tous au détriment des autres, qui sont peut-être aussi dignes d'intérêt, qui méritent parfois autant de compassion, de sollicitude, d'affection.

Pour plaire, il faudrait ne pas savoir qu'on plaît. On serait plus jolie si on attribuait un peu plus à l'amabilité des gens qu'à sa beauté, les compliments qu'on reçoit. On porterait mieux sa robe si on se disait que les femmes qui la déclarent réussie ont surtout le désir de vous être agréables, ou qu'elles sont remplies d'indulgence.

Dans un salon, observez une personne simple. Si elle possède un talent, elle ne refusera pas obstinément d'en faire jouir les autres. Ou, s'il lui plaît mieux de rester dans l'ombre, elle dira carrément, nettement, qu'elle n'est pas disposée à jouer, chanter ou déclamer. Mais avec le désir ardent d'obtempérer à celui qui lui est manifesté, elle ne se fait pas prier et supplier longtemps, pour céder comme contrainte et forcée. Rien ne prouve mieux le manque de simplicité que ces façons d'agir.

On ne saurait donc trop enseigner aux enfants, par une éducation appropriée, à souffrir simplement, à faire leur devoir simplement, à exprimer simplement les plus beaux, les plus nobles sentiments. Ils doivent penser que, s'ils sont honnêtes, il y a beaucoup de gens comme eux; qu'ils ne possèdent pas exclusivement le monopole de la beauté, de l'intelligence, ni même de la bonté.

On arrive très aisément à obtenir la simplicité chez les enfants, en ne parlant jamais d'eux en leur présence. Ainsi on n'introduit pas dans leur petite cervelle cette idée qu'ils sont des êtres bien intéressants, suprêmement intéressants, l'axe de l'univers. Ne faites allusion ni à leurs défauts ni à leurs qualités, hors des cas où vous devez les réprimander ou leur témoigner votre satisfaction... Celle-ci ne doit s'exprimer qu'au sujet d'un bon travail, d'une bonne action.

Il y a des pères et des mères qui racontent aux étrangers des traits d'entêtement ou d'orgueil de leur enfant qui écoute. Cet enfant distingue très bien que ses parents sont presque heureux de ces défauts, qu'au fond de leur cœur ils déguisent sous les noms d'opiniâtreté (celle qui fait arriver), ou de fierté pleine de dignité. Et il va, ce pauvre enfant, *se draper* dans son obstination ou sa vanité, il en tirera gloire au lieu de s'en corriger.

S'il en est ainsi pour les travers, pensez ce qui résulte de l'exaltation des dons physiques ou intellectuels, et même des qualités morales! Les uns et les autres n'ont pourtant tout leur charme que s'ils sont ignorés de ceux qui les possèdent. Même en ce qui concerne la santé, il ne faut pas amener un enfant à croire que lui seul a été atteint à ce degré du croup, de la fièvre, etc. Il se croirait *digne* de plus d'attention et d'intérêt, il serait *fier* d'avoir été un « cas médical » exceptionnel, extraordinaire. Hélas! tous nous recherchons trop déjà une scène, un rôle. Qu'on ne nous l'indique pas du doigt. C'est même sans y insister, sans le lui dire, qu'il faut parer son enfant de simplicité, de cette simplicité qui est la source de la grâce et de l'aisance des façons, qui par surcroît nous fait aimer, nous rend sympathiques.

Il serait même à souhaiter qu'on ne s'aperçût pas soi-même de sa propre simplicité.

Il faudrait convaincre les jeunes filles et les enfants que, n'ayant encore aucune importance, ils ne sont pas remarqués, que si on les regarde, c'est sans les voir. Il n'y a pas de plus sûr moyen pour les former à une charmante simplicité de manières et pour empêcher de naître cette timidité maladive qui les jette dans un trouble assez grand pour leur faire perdre grâce et contenance.

Voyez agir dans la rue une jeune fille simple. Elle se conduit avec toute la réserve exigée de son âge et de son sexe, mais sans rien exagérer. Elle ne baisse pas plus hypocritement ou niaisement les yeux, qu'elle ne regarde effrontément les gens au visage. Elle ne provoque pas l'attention, mais vient-elle à être saluée par un homme, elle ne prend pas un air effarouché, elle répond simplement, sans composer son visage, qui peut être souriant, mais elle se défend aussi de tout air de camaraderie. Et elle est vraiment charmante étant dans la note juste.

La timidité.

Les gens simples ne croient pas qu'on les remarque, qu'on s'occupe d'eux. Ils redoutent moins la critique, en conséquence. Et, moins que d'autres aussi, sont la proie de cette appréhension de l'opinion qui rend très malheureux ceux qui l'éprouvent. Ils tâchent de faire de leur mieux, mais persuadés qu'ils passent inaperçus, ils ne connaissent pas les angoisses des gens timides.

La timidité indique une grande méfiance de soi-même, mais c'est parfois aussi le signe d'une vanité souffrante, d'une attention extrême à tout ce qui nous touche.

Elle peut naître encore d'une infirmité ou d'une défectuosité physique; d'un manque d'éducation. Dans ce dernier cas, il n'y a qu'à vouloir acquérir ce qui nous fait défaut, pour bien tenir notre place.

Quelquefois encore, excitant l'attention du public par sa situation, on est mécontent, impatient — surtout si la nature est nerveuse — d'être un sujet de curiosité comme un animal ou une fleur exotique, jamais vue.

La reine d'Angleterre et l'empereur d'Autriche sont dans ce cas; ils ne peuvent supporter sans révolte intérieure, sans gêne visible, les regards et les commentaires de la foule.

Pour faire un métier en toute simplicité, il serait bon d'endurcir son amour-propre, de se résigner à subir les critiques de ceux qui nous voient agir, — et qui eux-mêmes sont critiqués par d'autres.

C'est dans le monde qu'on est timide. Chez soi, dans son cadre, on se sent plus à l'abri, mieux à son avantage, on a beaucoup plus d'aisance et, par suite, de simplicité et de grâce.

Un arrivé, qui sait que ses façons, non encore réformées, détonnent avec sa situation, devient timide dans un salon. Tout à l'heure à la tribune, il dominait le monde, son geste était large et simple. Il est maintenant embarrassé, mesquin. Cet homme entouré de clubmen ne sent plus sa grandeur en face de leur élégance, de leur aisance impertinente. Avec plus de simplicité dans le caractère et en prenant la résolution d'affiner de son mieux ses manières, il resterait là le premier, comme dans la vie publique.

Il existe aussi des gens célèbres qui connaissent parfaitement leur code mondain, mais qui, sachant que l'on attend d'eux des choses et des paroles extraordinaires, s'enferrent pour trop désirer de rester à la hauteur où on les a placés, pour trop craindre de ne pas tenir les promesses que leur nom faisait. Eh! mon Dieu! on peut penser, en toute simplicité, qu'on n'est pas toujours égal à soi-même.

Enfin, bien des jeunes gens, d'ailleurs hardis, perdent contenance en présence des femmes. C'est plutôt impressionnabilité que timidité. Pour s'aguerrir, ils doivent aller au feu toutes les fois qu'ils en trouvent l'occasion. A force d'affronter l'ennemi, ils ne le redouteront plus, ils deviendront aussi forts que lui, et resteront francs et simples.

Du reste, ils peuvent être certains qu'on les trouvera charmants, malgré une gaucherie qui ne déplaît pas chez les personnes jeunes, si toute leur conduite et leurs manières dénotent un respect véritable de la femme.

LA PAROLE

Une science perdue.

Les nouvelles habitudes de vie que nous avons contractées nous ont fait perdre, avec tant d'autres grâces que possédaient nos aïeux, l'art quelque peu difficile, mais charmant, de la conversation.

Nous n'aurions pas le temps de dire comme eux de jolies choses ; puis, pour causer dans le monde, il faut un degré d'intimité que nous ne connaissons plus.

Observez ce qui se passe dans un salon au jour de réception de la maîtresse de la maison. Une foule de visiteurs pressés, la plupart du temps inconnus les uns aux autres, défilent devant la dame du logis, qui, elle-même, ne sait pas toujours bien appliquer les noms sur les visages ; qui, pour avoir de trop nombreuses relations, confond tous les gens entre eux. Dans ces conditions, que voulez-vous que l'on se dise ?

Personne ne parle à son voisin puisqu'on « s'ignore » les uns les autres.

La maîtresse de la maison toute aux shake-hands de ceux qui entrent et sortent sans cesse, ou occupée à proposer des tasses de thé, n'a pas le loisir de faire des présentations ni de diriger une conversation. D'ailleurs les visites sont aussi courtes que possible ; ne faut-il pas que chacun se montre, dans la même journée, en vingt maisons différentes ?

Et puis, grâce aux déplacements continuels auxquels on se livre, on n'est jamais plus de deux ou trois mois au même lieu : les absences très nombreuses, très longues, sont un obstacle de plus à cette intimité, qui n'est obtenue que par une fréquentation assidue.

Nous avons trop surchargé notre vie, nous poursuivons trop de choses à la fois et personne de nous, même ceux qu'on appelle les heureux, même les vieillards qui avaient droit au repos, autrefois, personne de nous ne peut plus se vanter d'avoir des loisirs. Or, il faut un peu de temps à soi pour se créer des relations sûres et agréables, des amis vrais, avec lesquels il est délicieux d'échanger ses pensées, dans de longues causeries, voire dans de courtoises discussions.

La bicyclette est encore venue brocher sur le

tout, la bicyclette qui emporte hommes et femmes... hélas ! dans des courses vertigineuses, pendant lesquelles on est tout au plaisir physique de dévorer l'espace, sans pensée, presque sans regard pour les choses rencontrées.

Enfin, qui le croirait? Les journaux, les innombrables journaux sont peut-être les vrais, les seuls destructeurs de la conversation. Autrefois il existait en chaque ville, même à Paris, quelques personnes seulement, bien informées de tout, grâce à leur position sociale. On allait aux nouvelles chez elles, puis on colportait de maison en maison amie ce qu'on avait appris de ces gens privilégiés. On causait à perte de vue des événements petits et grands, on les commentait de mille façons.

Dans cette habitude de la parole, de la riposte, car on discutait le pour et le contre, l'esprit s'aiguisait, le langage s'affinait, la réflexion se formait; il fallait savoir juger par soi-même, on ne pouvait se dispenser d'un point de vue personnel.

Aujourd'hui, la presse aux cent mille bouches apporte à tous et à chacun la même nouvelle avec les commentaires à l'appui et des jugements tout faits, qu'on adopte comme siens, et qu'on n'a pas, du reste, à communiquer à son voisin aussi instruit des mêmes choses et pourvu également d'une manière de voir.

La conversation étant devenue très languissante et très peu intéressante, on a imaginé de surcharger la moindre des réceptions de mille attractions, destinées à dissimuler le vide et le néant des relations mondaines. Le plus simple « thé » finit en concert ou en comédie ; le plus modeste bal réclame des intermèdes ; le stupide cotillon demande toujours des figures nouvelles et des accessoires plus nombreux.

Cependant quelques femmes, bien placées pour cela, ont juré de nous rendre les salons d'antan, où l'on causait avec grâce, esprit, charme .et bon sens.

L'art de la conversation.

Les gens qui ont vécu dans le monde dès leur jeunesse, parlent ou, mieux, causent facilement et joliment, quel que soit, en général, le sujet abordé. — Du moins c'était dans les salons qu'on se formait le mieux, autrefois, à l'art de la conversation.

Les maîtresses de maison faisaient fête aux gens intéressants, spirituels, amusants, que notre époque affairée, attristée, ne connaît plus guère, aux intelligences originales et vives, qui restaient dans les limites du bon goût et de la décence.

On se trouvait donc mêlé, dès l'adolescence, à des personnes dont l'esprit était sans cesse en éveil par un échange perpétuel d'idées, qui étaient dans l'habitude de châtier leur langage, — sans nulle pédanterie, toutefois ; qui exprimaient tout avec grâce : un sentiment élevé, une remarque judicieuse, une observation fine.

A cette école, on apprenait, sans même y prendre garde, à énoncer sa pensée avec ce charme souverain qui consiste à ne pas trop creuser la question, en apparence, à ne prendre de toute chose que la fleur et le parfum, bien qu'on ne dédaigne pas en réalité le fond solide, si peu importante que soit la matière.

Mais on voit peu à peu disparaître cette brillante élite qui, dans presque toute l'Europe, vivait d'une intense vie intellectuelle, qui s'intéressait vraiment aux lettres, aux arts, aux sciences, qui faisait elle-même de la littérature, en écrivant des lettres exquises.

Cette élite avait élevé la causerie à la hauteur d'un art, en avait fait le meilleur, le plus délicat des plaisirs, comme elle avait voulu que la correspondance intime fût un des charmes rares de la vie.

Avec une somme d'instruction peut-être supérieure, nous sommes aussi peu intellectuels que possible et plus du tout littéraires. Cela vient de ce que nous sommes beaucoup trop matérialisés par les dehors de la vie ; les heures nous manquent pour la lecture et pour la méditation, nous les gaspillons en plaisirs moins élevés, et voici que le télégraphe et le téléphone, ces inventions pourtant merveilleuses, portent le dernier coup à la conversation écrite, où tant de femmes chez nous excellaient, excelleraient encore.

Dans l'autre conversation, la conversation parlée, disparaît ce langage charmant, où l'on ne sentait pas l'étude, qui était une musique pour l'oreille. Et avec lui s'en va aussi une qualité éminemment française, l'esprit primesautier. Notre race va-t-elle donc s'alourdir sous le poids des préoccupations plus ou moins graves auxquelles nous sommes tous en proie ? Ces préoccupations ne sont pas toujours du genre noble. Elles nous inclinent plutôt vers la terre, mais elles font de nous des gens soucieux, peu propres, en conséquence, aux conversations aimables et gaies, étincelantes et vives.

Et cela vient encore de ce que personne n'ose plus penser par soi-même, semble-t-il : Tout le monde fait siennes les idées lancées par les écrivains en vogue, nous l'avons dit — ou quelquefois par un *leader* de la mode, un conducteur de cotillon... dont la faveur ne s'explique pas toujours.

Mais on n'adopte pas seulement les idées, on copie servilement jusqu'au tour de phrase.

Du reste, cela s'appelle « avoir le sens de l'actualité », et ce sens est infiniment plus admiré que l'originalité.

Il n'est plus admis de parler de ce qui s'est passé, fût-ce hier, mais de ce qui se passe aujourd'hui. Les événements qui ne datent pas de la journée tombent dans un profond mépris et un profond oubli. Vous pouvez avoir sur la nouvelle de la veille le point de vue le plus intéressant, personne ne pourra vous entendre le développer.

Mais, le Salon étant ouvert, par exemple, si vous répétez, au jour le jour, ce qui se dit chaque matin de ce peintre-ci ou de cette toile-là, on vous trouvera fort attachant, on vous accordera une attention dont on a honoré, avant vous, cent autres personnes qui ont dit exactement la même chose que vous, avec les mêmes expressions.

Et il en est ainsi pour tout : procès *sensationnel*, concours hippique (auquel il faut paraître prendre un intérêt immense, comme si c'était le salut de la patrie), apparition d'un livre, courses, « premières », etc., etc.

En vous tenant dans la stricte « actualité », n'allez pas exprimer un sentiment personnel, au moins. Les moutons de Panurge banniraient peut-être du troupeau cet intrus qui ne pense pas comme eux.

Si on invente un mot bête, inepte, répétez-le comme tout le monde. Ah bien ! si vous alliez ne pas le prononcer, on se demanderait d'où sort ce sauvage.

Quand on entre dans un salon, on sait d'avance de quoi les gens vont parler et comment ils vont parler. S'il est d'actualité de prôner telle actrice, c'est un chœur qui chante ses louanges; bien hardiment original serait celui qui oserait risquer une critique et assurément son bon goût serait mis en question.

Cette paresse ou cette pauvreté d'esprit est vraiment désolante, mais il faut espérer que nous reverrons de meilleurs jours, et tous ceux qui déplorent l'état de choses actuel doivent essayer, de toutes leurs forces et de tout leur pouvoir, d'engager dans une autre voie ceux sur lesquels ils ont une ombre d'influence.

Sans doute, les conversations mondaines peuvent s'alimenter beaucoup de « l'actualité ». Mais du moins que chacun ait son opinion sur « les choses d'actualité ».

Si on laissait faire sans crier gare, c'en serait fait bientôt des types différents de l'esprit. L'originalité et l'actualité ne sont pas deux choses incompatibles, comme on paraît le croire. Elles s'allient fort bien. L'une relève l'autre, au contraire.

Ne nous réduisons donc pas à un nivellement qui aurait des résultats très graves, car il développerait le spleen, mal moderne ; rendons à chaque esprit sa couleur et laissons-le se parer de joyaux étincelants, au lieu d'exiger que toutes les intelligences revêtent une livrée grise, uniforme.

Nous reverrons bientôt ces originaux de grande allure, qui jettent sur toute une époque de puissants reflets. Il n'y a qu'à leur demander de faire parfois le sacrifice de leur originalité, lorsque trop d'acuité et une trop grande indépendance d'idées risqueraient de blesser les sentiments d'autrui. Mais hors ce cas, prévu par la charité de notre temps, laissons-les briller de tous leurs feux et admirons le chatoiement de leur esprit.

Pour se former seul au talent de la conversation.

Ceux qui vivent dans la solitude, loin des leçons qu'on recevait autrefois dans le monde, qu'on reçoit encore en quelques coins de Paris, ne peuvent recourir qu'à la lecture et à la pensée pour se former au talent de la parole.

Ils choisiront soigneusement leurs lectures, leurs

écrivains ; les journaux qui les tiendront au courant des événements du monde entier.

Ces lectures sont encore à recommander aux gens (ils deviennent rares) qui ont reçu peu d'instruction et qui souffrent toujours lorsqu'ils se trouvent avec des personnes qui ont reçu une éducation supérieure. Ils n'osent pas parler dans la crainte de former leur phrase contrairement aux lois de la grammaire et de commettre de grossières fautes. Et puis, une foule de sujets de conversation leur sont étrangers. Ces gens sont parfois très intelligents et je m'étonne qu'ils ne découvrent pas tout de suite le remède au mal dont ils sont affligés.

A moins d'être arrivés à l'âge où toute mémoire a disparu, ne peut-on pas toujours acquérir plus d'instruction qu'on n'en possède? Il faut lire beaucoup et des livres sérieux, sur l'histoire et les voyages d'abord, puis sur l'art en général ; se procurer les auteurs classiques et apporter une attention soutenue, sans se fatiguer toutefois, à la construction de leur phrase presque toujours impeccable.

On se livre ensuite à l'étude de la grammaire, peu à peu, tout doucement, pour que les règles entrent bien dans l'esprit, à leur place et sans désordre. On écoute les personnes qui ont la réputation de causer avec grâce. Chaque fois qu'on s'aperçoit qu'on a fait une faute de langage, car les lapsus pourront encore être fréquents, il faut se reprendre tout de suite, causât-on avec un enfant, se livrât-on au monologue.

On a recours au dictionnaire toutes les fois qu'on a lu ou entendu un mot qu'on ne comprend pas et on étudie ce mot, on réfléchit sur sa signification, sa racine, son étymologie, pour être bien sûr de ce qu'on dit, si on vient à s'en servir à son tour.

Une heure d'étude par jour peut suffire à une personne désireuse d'apprendre. Petit à petit, son esprit s'ornera, son intelligence se développera, son langage s'épurera, son orthographe s'améliorera. Et elle pourra faire dans le monde figure convenable, si encore modeste.

Il n'y a nul besoin de briller, de tenir la première place, ce n'est pas cela qui rend heureux. Ce qui est enviable, c'est d'être à la hauteur de la situation qu'on occupe quelle qu'elle soit : faisons donc tous nos efforts pour acquérir l'aisance que donne l'harmonie existant entre la position et l'éducation.

La correction du langage.

Beaucoup de gens, pour se venger de cette fierté de gueuse qui ne veut pas recevoir l'aumône, attribuée par Voltaire à la langue française, ont imaginé un langage plus facile à côté.

Je ne veux pas parler, bien entendu, du jargon des criminels et des voleurs, bas argot qui n'est intelligible que pour ceux-là, et qui doit exiger une sorte d'étude. Je fais allusion à cette façon de s'exprimer qui viole, par caprice, les lois de la syntaxe et rit au nez des principes de la grammaire ; cette manière de dire qui détourne les verbes de leurs sens et crée des substantifs, avec une désinvolture dont frémissent les grands linguistes.

Il est vrai que, sans le vouloir, les fantaisistes du langage font parfois des trouvailles dont on force la fière gueuse à s'enrichir. Mais pour un mot devant lequel s'ouvre le dictionnaire, combien d'autres restent à la porte, foule vulgaire, incorrecte, et qui n'a même pas le mérite d'un peu d'originalité ou de pittoresque.

Nous ne prodiguerons pas les citations, mais il est permis de demander pourquoi on trouve plus intéressant, plus joli ou plus amusant de dire : « Le voilà qui s'amène »... au lieu de : « Le voilà qui vient, qui entre ? » ou : « J't'écoute », pour : « Je te crois ? » — Bien des gens prennent pourtant un grand plaisir à parler de la sorte. Ils aiment, sans doute, l'inexactitude dans les termes.

Mais on les accusera encore d'autre chose que de singularité : les fautes contre le français sont considérées comme une terrible trivialité par les gens de bon sens, et qui ne sait pas châtier sa parole est considéré comme une personne mal élevée encore plus que peu instruite.

Je sais qu'au temps de la Régence, les gentilshommes et quelques grandes dames affectèrent une grande vulgarité de langage, — celle que Gyp met dans la bouche de Bob, un garçonnet, lui, du moins ; — et que quelques-uns, le maréchal de Richelieu et Mme de Maurepas, notamment, y persévérèrent toute leur vie.

Cela prouve que les choses bizarres et ridicules ont eu des partisans à toutes les époques, malgré la protestation des gens de goût et de bon sens. Mais c'est parmi ces derniers qui sont d'ailleurs les plus nombreux, qu'on doit aspirer à se ranger, car le dernier mot leur reste toujours.

Il faudrait encore éliminer du langage toute exagération ridicule, c'est-à-dire ne pas employer de grands mots pour exprimer de toutes petites choses. L'exagération, qui est une forme du mensonge, est encore une incorrection, puisqu'on détourne le mot de son sens, puisqu'on en applique mal la valeur.

Pour parler avec élégance, quoique sans nulle

pédanterie, il faut savoir trouver l'expression qui convient pour ce que l'on dit. Ce n'est pas toujours le cas dans les salons, où vous entendez les gens s'écrier : « Il fait une chaleur *insensée !* »

La langue du peuple n'était pas toujours correcte avant la diffusion de l'instruction. Mais elle avait sa beauté, qui résidait dans le mot *juste*, très pittoresque ou vraiment original, dont la langue des lettrés daignait parfois s'enrichir. Ce mot peignait en quelque sorte et avec une énergie saisissante. Il n'en est pas ainsi de l'incorrection voulue de quelques mots ou de quelques phrases patronnés pour la mode, à intervalles : ils ne possèdent ni sens, ni agrément et meurent vite, Dieu merci ! Malheureusement, on les remplace par d'autres, non moins ineptes.

Expressions démodées, expressions créées.

Chaque siècle a son langage ou, peut-être, sa manière de s'exprimer, — et, en cela comme en toutes choses, il est bon de ne pas s'attarder au milieu des formes vieillies. Non pas qu'il faille démolir le fond de notre admirable langue, ni chercher d'autres modèles que ceux qui nous ont été fournis par les illustres ouvriers qui l'ont édifiée : ceux-là ne parlaient pas comme les gens de leur temps, ils parlaient le langage de l'humanité dans un français superbe qui ne prendra jamais de rides.

Mais il est des locutions qui sont tout à fait démodées, parce qu'elles ne répondent plus aux besoins d'esprit ni aux idées des générations présentes, des phrases qui ont été tant de fois répétées, ressassées par tout le monde, qu'elles sont devenues d'insupportables lieux communs. Ceux qui persévèrent à s'en servir datent et sont taxés de ridicule.

On ne supporterait plus la fade admiration avec laquelle certains versificateurs et littérateurs parlaient, en un temps, de la grande et mystérieuse nature. Quand on permet aux gens de s'enthousiasmer sur la course des nuages, la clarté blanche de la lune, etc., etc., on veut qu'ils peignent les aspects divers et changeants des cieux et des champs avec des mots vraiment colorés en un sentiment très personnel. Le ton de convention, prétentieusement poétique n'est plus admis.

Ce qui s'observe dans la littérature, se retrouve dans le langage du jour, dans le langage des grandes occasions aussi bien que dans le langage familier. Il est des expressions absolument bannies. Si l'on vient à les employer, on est immédiatement classé dans le genre pédant et poncif.

Il faut donc se défaire de ces expressions vieillies, surannées, qui font sourire les générations nouvelles. Ainsi, on ne dit plus : « On m'a demandé la main de ma fille », mais plus simplement : « On m'a demandé ma fille en mariage. »

Les gens de goût qui connaissent le grand charme du naturel, s'attachent à répudier les formes solennelles ou maniérées ; ils s'expriment sans emphase et sans pompe.

Comme tout le monde et sans choix, va-t-on demander ? Non, en toutes choses, les gens avisés s'en tiennent à l'esprit et repoussent la lettre. Ils ne surchargent pas leur langage des locutions et des mots lancés au hasard, acceptés par la foule avec enthousiame, avec fureur, mais qui, n'ayant aucune valeur, n'ont pas une vie plus longue que celle des roses… auxquelles ils ne ressemblent pas autrement, ni par la grâce, ni par le coloris, ni par le parfum.

Vous rappelez-vous le succès idiot des « vlan », des « pschutt » et autres, qui prétendaient détrôner le mot « chic » — ou l'expression vieillie « le bel air » ? Qu'en reste-t-il ? « Select » qui remplace « choisi » d'une façon aussi laide que désavantageuse, en est à ses derniers moments.

On abuse beaucoup de ces deux mots : « idée

géniale ». On les applique à tout : aux plus lumineux aperçus des hautes intelligences ou à une invention pratique. N'a-t-on pas félicité, en ces termes outrés, une charmante femme, qui n'en croyait pas ses oreilles, au sujet de la façon dont elle coud les rubans destinés à suspendre les torchons : « Vous avez eu là une *idée géniale!* » lui a dit une amie dans le mouvement.

C'est si comique que les gens d'un esprit fin ont absolument retranché de leur langage cette locution qui traîne partout, à l'occasion de tout.

On voit par ces petits exemples (on en donnerait bien d'autres) que le langage n'est exempt de ridicules à aucune époque. Il faut savoir les éliminer dès qu'ils apparaissent. Les gens de bon sens ne se laissent jamais gagner par les sots engouements. Mais ils savent aussi qu'on ne doit pas se cantonner dans le passé, qu'il est bon de comprendre le présent. Et, même dans les plus petits détails, ils sentent l'obligation d'être en harmonie avec le moment actuel, dans ce qu'il a de bon et d'acceptable.

Les détails superflus dans le récit.

Beaucoup de gens, lorsqu'ils vous racontent le moindre fait, ne vous font grâce d'aucun détail insignifiant... et négligent tous ceux qui donneraient au récit de l'énergie, de la couleur ou de la grâce.

J'ai entendu un homme narrer, en ces termes prolixes, une visite dans un village où il lui fallait découvrir la maison d'un ami :

« — Je vois un homme qui conduisait une charretée de paille et je lui demande : Pouvez-vous m'indiquer la maison de M. Un Tel ! — Ah bien ! me répondit-il, il faudrait suivre ce chemin, puis passer devant l'église, et puis c'est encore long. Tenez, voilà des enfants qui, pour deux sous, vous conduiront volontiers jusque-là.

« Je remercie le charretier et je m'approche des enfants, c'étaient des petites filles qui sautaient à la corde. J'interromps le jeu et je leur demande si pour dix sous elles veulent bien me conduire chez M. Un Tel ? — Oui, monsieur, me répondent-elles, en voyant la piécette blanche.

« Nous nous mettons en marche. Justement, devant l'église, nous rencontrons un homme et une femme qui portaient chacun le bout d'un bâton, auquel un panier de provisions était suspendu. — Voilà les domestiques de M. Un Tel, monsieur, me disent les enfants, ils pourront vous mener jusqu'à la maison.

« Je donne quand même les dix sous aux enfants et je m'approche de l'homme et de la femme.

« — Vous êtes les domestiques de M. Un Tel ?... »

J'ai beaucoup abrégé, et je vous fais grâce de la suite, mais je vous assure que cette conversation a été sténographiée. Une jeune femme à qui ce voyage était raconté faillit être prise d'une attaque de nerfs, et un jeune homme murmurait : « C'est à devenir enragé. »

Je dirai qu'ils devaient avoir un peu plus de patience, l'âge les calmera sans doute.

Mais que pensez-vous du narrateur qui n'a pas un mot pour le pays beau ou laid qu'il traverse et s'éternise sur des détails insipides et complètement inutiles ?

— Tout ce qu'il fait lui paraît si intéressant, si digne d'attention, me dit à demi-voix une vieille dame, qu'il s'imagine amuser les autres en leur faisant connaître les moindres choses ayant trait à sa personne... sacrée.

C'est bien, en effet, la philosophie à dégager de cette petite histoire.

Les inélégances de la conversation.

Il faut se garder des inélégances dans l'ordre moral et intellectuel aussi bien que dans l'ordre matériel. « Le monde » feint d'être au-dessus des vulgarités de l'existence, il ne veut pas qu'on les lui rappelle.

Il est bien vrai que, même dans la vie de famille, certaines négligences choquent et déplaisent, qu'on veut un peu d'illusions, que la réalité toute crue blesse plus souvent qu'on ne croit ce

... Dieu tombé, qui se souvient des cieux.

Ainsi, il est permis d'être très économe, que dis-je ? *on doit* être très économe pour vivre avec dignité et pour arriver à faire beaucoup de bien, ce à quoi ne parviennent jamais les hommes prodigues qui, jetant l'argent par les fenêtres, s'inquiètent peu et même pas du tout des mains qui le ramassent.

Mais, sauf aux heures où l'on surveille son ménage, où il est question de l'administration du budget, sauf en ces moments déterminés où l'on initie à la précieuse science domestique ses propres enfants ou de jeunes amis, il est nécessaire de détacher son esprit de ces sujets et encore plus de ne pas les considérer, même en famille, comme exclusive matière à conversation.

Il est nullement mesquin de veiller assidûment à réprimer les dépenses inutiles dans son intérieur, il faut savoir parfois couper les allumettes en deux, j'estime qu'on fait bien d'épargner les morceaux de sucre et de ne pas jeter les bouts de chandelle, mais si l'on raconte ces choses-là, même à un mari, on va se rapetisser, on va faire croire à de la sordidité. Il y a de ces choses, fort honorables en elles-mêmes, qu'on doit faire sans dire, parce qu'elles éveillent, après tout, des idées dépourvues de beauté, d'élévation; parce qu'il est inutile de dévoiler sans raison les dessous, le revers de la vie.

Les convives que nous invitons à partager avec nous un plat exquis ne tiennent pas du tout, n'est-ce pas? à assister à la préparation de ce plat; ils le trouveraient peut-être moins bon s'il leur fallait connaître tous les ingrédients qui ont concouru à lui donner son goût et sa saveur.

Du reste, les femmes qui ont su établir en leur maison une économie intelligente et des habitudes qui rendent le gaspillage impossible, ces femmes ayant moins de préoccupations que les autres — dont la volonté n'est pas suivie d'effets, — peuvent affranchir leur esprit des mille détails du ménage, non seulement dans le monde, mais dans l'intimité amicale et familiale, dans le tête-à-tête conjugal, où l'homme est si heureux lorsqu'il trouve quelqu'un qui puisse s'élever avec lui dans les régions où l'intelligence masculine est trop souvent forcée de rester solitaire.

De tout ce qui précède, il ne faudrait pas inférer qu'on ne puisse jamais causer ménage avec ses amies, ni qu'on doive prendre des airs de princesse féerique, ignorante de l'usage du balai et du plumeau. Entre femmes, on trouvera au contraire intéressant de se communiquer une bonne recette culinaire ou autre, une de ces découvertes qui améliorent la bonne tenue du ménage, etc., etc. Mais il faut savoir ne pas s'éterniser sur ces sujets.

C'est le même esprit d'élégance qui nous interdit de parler, dans le monde de nos bains et de nos ablutions, et le même ordre d'idées qui fait proscrire de la conversation les lamentations sur le froid et le chaud, — traduction de sensations désagréables qu'il est inutile de faire connaître. Il n'est pas davantage admis qu'on se plaigne de la soif hors de chez soi : il faut boire avant de sortir, pour ne donner aucun dérangement dans les maisons où l'on va ; pour ne pas rappeler ces vulgarités de la condition terrestre, aux heures où les gens veulent penser à toute autre chose.

Amiel, le philosophe genevois, l'a dit : « Dans le monde, il faut avoir l'air de vivre d'ambroisie et de ne connaître que les préoccupations nobles. Le souci, le besoin, la passion n'existent pas. Tout réalisme est supprimé comme brutal. »

Cours de conversation.

En Amérique où l'on a inventé des « Écoles de beauté » on a aussi des « cours de conversation ».

L'instruction achevée, les jeunes filles du monde élégant — et beaucoup de jeunes femmes aussi — suivent ces classes où elles apprennent à parler de toutes les questions du jour. Deux fois par semaine, ces jeunes personnes sont dûment instruites de toutes les matières courantes et intéressantes par une femme de grande éducation, qui leur expose les plus importants sujets traités dans les colonnes des journaux quotidiens, et en discute, avec elles, le pour et le contre.

C'est une sorte de gymnastique de la parole. Aussi les femmes qui prennent ces leçons de conversation si pratiques, causent-elles bientôt avec une grande facilité et beaucoup de grâce; avec une véritable élégance, le professeur n'employant, et ne leur permettant d'employer elles-mêmes que des termes choisis, sans admettre pourtant la préciosité, la pédanterie, ni même la recherche.

Mais si ces jeunes filles et ces jeunes femmes sont de si agréables causeuses, après un temps d'études relativement court, c'est que sans même s'en douter, elles apprennent encore plus à penser qu'à parler. C'est qu'on leur enseigne, sous la forme d'une conversation aisée et amusante, à peser à juger, à réfléchir. Beaucoup de femmes sont incapables de parler d'un événement parce qu'elles n'ont pas un instant arrêté leur pensée sur le récit qu'on leur en a fait ou qu'elles en ont lu. En outre, dans la famille, il ne leur est pas toujours permis d'exprimer leur sentiment sur ce qui se passe ; leurs parents, leurs frères, leur mari ne souffrent pas souvent qu'elles aient une idée personnelle, veulent qu'elles reçoivent d'eux leurs opinions toutes faites, s'il ne décident pas qu'il est complètement inutile qu'elles aient une opinion.

Voilà pourquoi la conversation des jeunes filles et des jeunes femmes est, en général, si vide, si fade, si insignifiante, si frivole. Joignez à cela un peu de défiance d'elles-mêmes — que les mères et les maris font trop souvent naître — et elles auront l'air de véritables sottes, tandis qu'il n'y avait qu'à laisser s'épanouir leur intelligence, aider à son développement en les traitant en personnes raisonnables, avec lesquelles on peut parler de toutes choses... convenables et chastes.

Qu'arrive-t-il ? C'est qu'on ne voit guère de femmes spirituelles et vraiment avisées qui n'aient l'âge de trente ans. Mais alors elles se dédommagent souvent trop de la contrainte qui leur a été imposée, et, jusque-là, ne pensant pas ou n'osant pas penser elles-mêmes, elles ont commis parfois une foule de sottises.

Nous faisons prendre à nos filles des brevets supérieurs, parce que c'est la mode. Mais dès qu'elles ont en poche l'indispensable (!) diplôme, nous leur laissons enfermer pour jamais leurs livres d'étude, oublier tout ce qu'elles ont appris et nous sommes bien aises que ces bachelières redeviennent de petites filles étourdies, ignorantes de la vie, futiles, vaines et légères.

Nous serions désolées de parler sérieusement avec elles, — les laissant libres de se former une opinion, que nous avons seulement le droit de redresser si elle est fausse, — nous serions bien fâchées, dis-je, de parler avec elles des choses qui se passent dans le monde et qui peuvent être portées à leur connaissance. On a bien voulu meubler leur esprit, — mobilier qu'on laisse souvent périr faute d'entretien, — mais quant à leur enseigner « à forger leur âme », personne n'y songe.

C'est pourtant dans la causerie solide qu'on apprend le plus ; surtout si, dans la solitude, on est capable de penser aux choses qui vous ont un peu frappé. Tout le monde a pu remarquer qu'un renseignement obtenu dans la conversation, une observation entendue, un éclair jailli d'une discussion, se gravent beaucoup mieux dans la mémoire, dans l'esprit, que les réflexions et les discours lus. La voix, le geste ont vivifié à ce point la pensée qu'on a dit : « Les paroles sont des êtres vivants. »

La femme dans la conversation.

La femme doit chercher à acquérir le talent de la conversation. Il lui est très utile ; il est très utile à autrui qu'elle le possède.

Ce talent consiste moins à causer beaucoup qu'à choisir avec soin les sujets de conversation, selon les personnes avec lesquelles on parle.

Une femme qui raconterait à un artiste, à un savant ses petits tracas domestiques, l'ennuierait sûrement et profondément.

Du reste, la femme devrait savoir, — elle qui est douée de pénétration et de finesse, — qu'on n'attend pas qu'elle parle d'elle-même ni des siens, mais qu'elle s'intéresse vivement et sincèrement à tout ce qui concerne les gens qu'elle reçoit, leurs plaisirs et leurs occupations, leur œuvre, l'objet de leur ambition. On s'étonnerait qu'elle n'écoutât pas avec la même attention religieuse tout ce qu'il plaît à ses visiteurs de lui dire d'eux-mêmes et des personnes qui leur sont chères, et qu'elle ne manifestât pas de sympathie au récit des espérances ou des déboires de chacun.

Dans la conversation, comme dans toutes les circonstances possibles de la vie, c'est un rôle de complète abnégation qui convient à la femme. Celle qui est intelligente, dépourvue d'égoïsme et de vanité, fait aussi bon marché d'elle-même dans un salon qu'auprès du lit d'un malade Comptant pour rien ses propres goûts, elle écoute sérieusement les gens sérieux, elle sourit aux gens joyeux. Attentive, gracieuse, elle se conforme à l'état d'âme de ses amis, et n'ayant aucune prétention, elle s'efface sans regret pour laisser briller l'esprit des autres.

A voir l'intérêt qu'elle prend à un récit, on ne se douterait pas qu'il lui est fait, parfois, pour la centième fois. Elle sait bien que les mots : « Ah ! oui, vous m'avez dit cela, l'autre jour » ; ou « Je savais cela par Mᵐᵉ Une Telle », produiraient l'effet d'une douche glacée, et que le narrateur serait mécontent d'elle et de lui-même.

La patience est au nombre des vertus des gens renommés pour leur agrément dans la conversation. Cette vertu inestimable fait supporter les ennuyeux le sourire aux lèvres, et permet de rester calme en face des personnes agressives et contredisantes.

L'habileté est encore une des qualités nécessaires à la femme. Elle doit sauver ceux qui se noient dans leur phrase, y barbotent, ne savent comment s'en tirer. Elle doit mettre à l'aise les timides et amuser les paresseux qui veulent être distraits sans faire eux-mêmes aucun frais.

Sa droiture, sa bonté, sa générosité peuvent être aussi bien appréciées dans la conversation que dans les actes : c'est quand elle tait tout le mal qu'elle connaît, quand elle dit tout le bien qu'elle sait. Elle ne doit jamais surtout attaquer une autre femme ; la parole méchante qui lui échapperait la frapperait d'un choc en retour, mais elle doit obéir à un mobile plus haut que cette crainte.

Ce n'est pas à une femme, non plus, qu'il est permis de parler contre les religions, contre la foi. On admet fort bien qu'elle soit libre croyante, mais athée, elle semblerait sortir de sa nature, de son rôle humain.

Par contre, sa piété ne tournera pas au fanatisme et elle ne témoignera aucun dédain, aucune hostilité à ceux qui ne pensent pas comme elle sur ce point.

Cette distinction de l'esprit, cette bienveillance réelle, — ce qui est feint ne se soutient pas longtemps — valent à une femme de solides amitiés et parfois des sympathies enthousiastes.

Mais, pour plaire à tous, elle apprendra encore à penser, pour avoir toujours quelque chose d'intéressant à dire sur le sujet abordé quel qu'il soit, et pour varier les sujets de conversation.

Les femmes qui reçoivent beaucoup, qui réunissent dans leur salon des hommes de professions différentes et des esprits divers, ont besoin de se former une opinion sur une foule de questions.

Elles y arrivent assez facilement en écoutant parler et en réfléchissant sur ce qu'elles ont entendu. La lecture de bons livres et de bons articles de journaux, sur les matières qui peuvent être traitées devant elles, leur sera d'un grand secours, à condition qu'elles ne se bornent pas à retenir des mots, mais qu'elles scrutent, pour la pénétrer, la pensée de l'écrivain.

Ainsi armées par une étude sans prétention, en vue plutôt d'être agréables aux autres qu'à se faire briller, les femmes pourraient donner leur avis dans la conversation, si elles y étaient amenées et en conservant un ton de grande douceur et de calme parfait.

Renseignées incomplètement sur la chose discutée en leur présence, elles devraient craindre de s'avancer. Elles pourraient rencontrer un interlocuteur désagréable ou taquin, qui se ferait un plaisir de les troubler, de les « démonter », en leur opposant une objection parfois très simple, mais à laquelle elles n'auraient pas pensé.

On peut se résigner à ne pas connaître toutes choses. Rares sont les esprits universels. Une femme avouera sans honte son ignorance en une foule de cas scientifiques et techniques. On lui demande bien plutôt d'écouter les conversations de ce genre avec une attention intelligente. Les hommes la trouvent mille fois plus charmante lorsqu'elle se fait expliquer une découverte de la science, que si elle veut l'expliquer elle-même. Henriette sera éternellement préférée à Armande.

Les femmes ne doivent pas employer dans la conversation de mots naturalistes, qui peignent trop fort. Une femme bien élevée dit des « gants *souillés* » et non des « gants *sales* ». Cette dernière expression fait naître une idée et une image trop déplaisantes. Et ainsi de beaucoup d'autres termes. On souffre, par exemple, à entendre dire : « C'est infect ! » quand ce sont des lèvres féminines qui prononcent le mot. On admet qu'une femme dise : « C'est *révoltant !* » « C'est *dégoûtant !* » ne lui est pas accordé.

Pour peindre un homme en état d'ébriété, elle dit : « Il était ivre ! » et non jamais... autrement.

Cette prescription devrait s'appliquer aux hommes comme aux femmes, dira-t-on.

Mais, comme toutes les autres inélégances, celle du langage est encore plus choquante chez la femme que chez l'homme, n'est-on pas habitué à passer à celui-ci mille hardiesses qu'on réprouve dans le petit sexe, ainsi que disait Barbey d'Aurevilly ?

Qu'un juron s'échappe d'une bouche masculine ou d'une bouche féminine, vous verrez la différence : les auditeurs seront autrement suffoqués d'étonnement et d'indignation, si c'est une femme qui sacre, jure et tempête.

L'homme veut bien se permettre des expressions d'une énergie qui passe parfois les bornes. Elles lui répugnent dans notre bouche. Et, du reste, elles y sont plus laides que dans la sienne. J'ai d'ailleurs pensé souvent que si, pour notre compte, nous rayions certains mots du langage ou que si, du moins, nous n'en faisions pas l'application dans la causerie, les hommes n'oseraient plus s'en servir en notre présence et arriveraient, peu à peu, à perdre l'habitude de les employer entre eux.

Mais quand ils les conserveraient en nous-les interdisant, il ne faudrait pas crier à l'injustice. La femme qui élève et forme les hommes est, pour ainsi dire, le dépositaire de l'héritage national.

Elle doit le transmettre à ses fils. Elle n'a pas le droit de laisser aliéner aucune partie du legs des aïeux, pas plus le langage que les leçons d'honneur; pas plus la grâce, don de la race, que la loyauté, trait du caractère français.

Si elle parle une langue pure à ses enfants, elle fera prendre un vol plus haut à leur esprit, elle leur donnera des habitudes de délicatesse et de surveillance sur eux-mêmes.

Enfin la femme doit amener l'homme — son mari, son frère, son ami — à lever les yeux vers l'idéal. Pour tenir ce rôle, il lui faut être pétrie de grâce et de charme. Sa beauté et ses qualités morales, si éminentes qu'elles soient, ne seront-elles pas comme souillées, s'il s'échappe de ses lèvres fraîches ces couleuvres, ces vilains crapauds des contes de fées, qui sont les grossièretés du langage, les incorrections, les inélégances, les impropriétés.

Les perles et les roses qui tombaient de la bouche de l'autre sœur, ce sont les douces paroles, les termes choisis — sans préciosité, — les tours ingénieux et jolis du langage, les délicatesses charmantes de la conversation.

Les femmes d'autrefois qui avaient un véritable talent pour causer, ignoraient pourtant bien des choses que pratiquent leurs petites-filles.

Et si elles entendaient celles-ci mêler aux langues du sport, du cyclisme, des écuries, de la Bourse, etc., les inepties qui courent les rues, les termes énergiques des ateliers, les mots cyniques des clubmen, elles s'évanouiraient d'horreur... et non sans raison.

Il y a encore lieu de conseiller à la femme de ne jamais faire sa partie dans une conversation légère, qui offense la morale. Elle doit même faire entendre doucement mais fermement qu'elle ne permet pas qu'on aborde de pareils thèmes en sa présence.

Et elle n'assumera jamais non plus le rôle de bouffon qui ne va pas sans trivialité. Elle peut être amusante et spirituelle, mais pas au point de perdre de son élégance féminine et de sa réserve.

Un des talents de la conversation.

C'est un grand talent de savoir écouter.

Les gens qui se sentent écoutés avec un intérêt intelligent deviennent plus éloquents et sont reconnaissants à la personne qui a su faire prendre tout son vol à leur esprit.

En écoutant bien, on saisit la pensée de celui qui parle et, s'il vient à manquer, pour la rendre, du mot propre, de l'expression juste, on peut très souvent lui fournir ce mot, cette expression faute de laquelle son très réel talent de causeur allait peut-être subir un échec.

Aussi est-il aimé et apprécié l'interlocuteur qui sait redonner un coup de fouet ou apporter un secours à la verve qui allait faiblir.

Les femmes, grâce à leur nature intuitive, aident ainsi les bons causeurs à énoncer leurs idées avec clarté et précision. Ce grand don les rend précieuses dans la conversation, même... surtout, pourrait-on dire, quand elles ne parlent guère.

Les gens préoccupés ou seulement distraits ne sont pas des causeurs agréables ni brillants, par la raison que, n'écoutant pas ou n'écoutant qu'à moitié, ils ne sont pas au courant de la conversation. Ils cherchent en vain à se rappeler ce qui vient d'être dit, pour y répondre, mais si un mot ne suffit pas à leur faire saisir l'ensemble, leurs réponses sont embarrassées, incomplètes, à côté; ils le sentent et se troublent de plus en plus.

Ils déplaisent moins peut-être, cependant, que ces personnes qui ne veulent pas permettre aux autres de placer un mot, qui interrompent sans cesse, qui, voulant avoir le dessus dans la moindre discussion, crient fort pour empêcher leur adversaire de se faire entendre, de s'expliquer, de leur prouver qu'elles ont tort.

On aime, en général, à pouvoir exprimer sa pensée à son tour, on veut pouvoir riposter courtoisement, et que le droit de réplique ne vous soit pas interdit dans le débat.

Les brillants causeurs, qui ont une réputation, ne se plaisent qu'au milieu d'un auditoire résigné à l'effacement. Ils ne veulent pas, eux non plus, accorder la parole à ceux qui les écoutent, qui « doivent » les écouter avec une attention religieuse. S'ils sont forcés de laisser parler les autres, ils montrent clairement qu'ils ne daignent pas écouter ; ils se renferment dans un silence volontairement distrait et quelque peu méprisant. Du moment qu'ils ne s'écoutent plus, il n'y a rien à entendre d'intéressant. La conversation est alors devenue impossible et elle *tombe* rapidement.

Les grands bavards sont insupportables, ils parlent trop, pas toujours avec esprit, ils fatiguent beaucoup. On les préfère encore pourtant à une espèce tout opposée de gens *qui écoutent trop*, se refusant par paresse ou par prudence à faire leur partie dans la conversation.

Ceux-là vous laissent, lorsqu'ils vous quittent ou lorsque vous les quittez, un sentiment de malaise et de mécontentement.

Cette impression ressentie par chacun, au moins quelquefois, s'explique bien. On a été obligé de faire tous les frais de la conversation et on se dit qu'au cours de ce long monologue, on a dû laisser échapper quelque bêtise ou commettre quelque imprudence.

En effet, on peut être entraîné à parler trop, à dire des choses qu'on eût préféré taire, pour alimenter cette conversation dont seul on assume toute la charge.

Ce ne sont pas des répliques, les *oui*, les *non*, les *ah !* les *oh !* que les silencieux qui nous occupent se sont contentés de prononcer, et on ne considère pas non plus comme apportant un appoint à la causerie les questions qu'on s'adresse réciproquement et les renseignements qu'on se donne sur les santés respectives.

Les interlocuteurs de cette sorte conviennent aux orateurs, aux bavards. Aux autres personnes ils font éprouver un énervement pénible, un trouble qui conduit aux pires maladresses. C'est qu'on sent fort bien que, si ces quasi-muets ont pris pour règle de conduite la maxime arabe, s'ils craignent de se compromettre par quelque parole inconsidérée, ils notent fort bien toutes les sottises que leur égoïsme peut faire commettre aux autres.

Les gens nerveux s'irritent alors, s'enferrent de plus en plus.

Comme cette façon d'agir est contraire aux lois de réciprocité ! Je disais : Il faut savoir écouter.

Mais il y a temps pour tout et l'excès en toutes choses est un défaut. Parlez aussi, parlez à votre tour, comme vous savez, comme vous pouvez. N'ayez en vue que de soulager autrui ; dénué de prétention, animé de bon vouloir, vous cultivant sans relâche, vous devez être, vous serez agréable.

On ne peut pardonner le demi-silence qu'aux gens dont le cerveau travaille beaucoup et pour qui la conversation serait une fatigue de plus. Mais les travailleurs ne vont guère dans le monde.

Toute autre personne doit s'exercer au talent de la conversation, — si elle ne se condamne pas à la solitude, — elle doit se surveiller soigneusement si elle craint d'être imprudente, mais elle sera en même temps assez généreuse pour ne pas vouloir exposer les autres aux erreurs qu'elle redoute pour son compte.

Enfin, quand on écoute beaucoup, il faut se faire un visage assez impassible pour faire croire à son interlocuteur qu'on n'a pas remarqué les incorrections quelconques qu'il a pu commettre, et on garde le silence sur ces incorrections, on ne s'en fait pas une arme contre lui, on ne les colporte pas de maison en maison.

Auditoire sympathique.

Les gens nerveux ont besoin d'un auditoire sympathique. Si l'assemblée leur est hostile ou même une seule personne dans cette assemblée, ils perdent tous leurs moyens : un regard dur ou moqueur, une remarque désobligeante les troublent. Ils font mieux de garder le silence quand ils ne sont pas sûrs de la bienveillance de tous.

Du reste, vous êtes bien imperturbable s'il ne vous est jamais arrivé au moment où vous causiez familièrement, d'une façon animée et confiante avec quelques personnes réunies autour de vous, de sentir soudain votre verve se congeler, d'entendre votre voix baisser, de comprendre qu'une certaine timidité envahissait votre âme. Et vos interlocuteurs paraissaient éprouver les mêmes impressions. Que s'était-il donc passé ?

Un nouveau venu est entré dans cette pièce où l'on causait avec abandon, et il semble qu'un courant d'air froid y ait pénétré à la suite, éteignant la gaieté, paralysant la parole sur les lèvres, glaçant les cœurs. — Ce froid qui vous saisit est un froid tout moral et celui qui « le jette », selon l'expression profonde, — n'est pas en communion d'idées ou de sentiments avec vous; il est aussi dépourvu de cette chaleur qu'on appelle la sympathie humaine, et c'est à peu près comme si un iceberg avait été poussé dans un courant d'eau chaude et l'avait subitement refroidi.

Bien peu aimables et bien peu aimés, ces gens qui ne vibrent jamais à l'unisson des autres, qui se font une supériorité de leur calme quand les foules s'enthousiasment, qui raisonnent lorsqu'ils faudrait se jeter dans l'action sans réfléchir, qui, en toutes circonstances, refusent de toute leur volonté tendue de se laisser envelopper de ce fluide qui jaillit d'homme à homme dans toute réunion, et les *relie* assez pour former de leurs âmes une seule âme, l'âme commune qui accomplit les grandes choses... et les grands sacrifices.

Dans la vie ordinaire, ils mettent sans cesse mal à l'aise leurs amis. Ils leur imposent une contrainte qui, plus sûrement peut-être que les mauvais procédés, entraîne la désaffection.

Dans le monde, ils ne sont jamais non plus véritablement polis, ils appartiennent à la catégorie des pince-sans-rire, gens détestables qui ont la spécialité de rendre leur prochain mécontent d'eux et de lui-même.

Vous les connaissez bien ces hommes (et ces femmes aussi, hélas!) qui écoutent parler les autres, gardant un visage impassible, puis tout à coup rompent le profond silence, où ils semblaient s'être confinés, pour lancer dans la conversation une question ou une remarque ironique qui jette le désarroi parmi ceux qui s'emballent facilement et qui, dans le feu du discours, perdent parfois un peu la mesure, la notion de la justesse ou de l'exactitude ! J'ai vu des gens répondre comme il le fallait à ces interruptions désobligeantes, faites dans l'unique but de troubler ; mais le plus souvent on perd pied, le reste de l'assemblée éprouve un malaise dont elle ne se rend pas compte et c'en est fait de l'harmonie qui régnait, une seule dissonance a détruit l'accord.

Ces sortes de gens regardent les autres de haut, ils se croient doués d'une sagesse profonde, d'un bon sens impeccable, ils professent une pitié méprisante pour leurs amis. Mais ce qui fait enrager les gens un peu vifs et de premier mouvement, c'est qu'ils expriment ce dédain par une froideur qu'ils appellent du calme. C'est que, sachant comme il faut parler aux fous, ils ne prennent pas la peine de discuter avec eux, mais leur lancent, en guise de douche, une observation glacée ou moqueuse.

Quand, dans le monde, vous rencontrez de ces gens qui ne parlent guère, mais qui attendent le moment de laisser tomber dans la conversation une remarque sèche, froide ou mordante, qui déconcerte, gardez-vous de nouer des relations avec eux : si vous aviez le cœur chaud, vous auriez à souffrir.

La gaieté dans la conversation.

Les pessimistes, qui emplissent l'esprit des autres d'inquiétudes, éloignent d'eux les personnes qui ne veulent pas être troublées par des prévisions terribles ou seulement tristes.

Les gens qui saisissent toujours le bon côté des choses sont certainement beaucoup plus agréables à fréquenter et rendent heureux ceux qui vivent auprès d'eux.

Les hommes chagrins, moroses, qui ne voient jamais de la médaille que son revers, qui ne sentent que le mal, qui n'aperçoivent que les imperfections et les inconvénients des êtres et des choses de ce monde, sont bien vite délaissés. Si on est forcé de les voir, on considère les visites qu'on leur fait ou qu'on reçoit d'eux comme une corvée pénible.

Ce sont, en effet, de si tristes philosophes ! Ils assombrissent tout autour d'eux. Etant donné que le principe de dualité existât, ils tiendraient Ormuz pour nul et trouveraient le seul Ahriman tout-puissant.

Alors même qu'ils auraient raison, — et ils ont tort, ils seraient encore coupables de ne pas cacher soigneusement cette aperception désenchantée, amère, qu'ils ont de la vie et des hommes.

Souvent, vous vous réjouissez d'une bonne nouvelle, d'un événement heureux. « Mais, vient-on vous déclarer, rien n'est stable en ce monde. Peut-être en ce moment même, les choses ont-elles changé, et vos sourires vont-ils faire place aux pleurs. » — C'est mal, à mon sens, d'empêcher un cœur joyeux de s'épanouir, de se dilater tout à l'aise, de l'empêcher de goûter un de ces rares moments de bonheur que donne la vie. Pourquoi empoisonner cette minute bénie par des appréhensions souvent peu justifiées ?

On se lasse bien vite de ces esprits teintés de noir, qui ne réfléchissent que les laideurs, les défauts et les craintes.

Bien avisé et généreux, on ne parlerait pas non plus de ses peines et de ses soucis, cela n'y remédie pas, au contraire, mais de tels sujets de conversation peuvent attrister ou ennuyer ceux qui écoutent.

On fuit les gens qui se plaignent sans cesse de

leur sort. Seuls quelques anges patients, quelques saintes comme on en rencontre quelquefois dans le monde, ont le courage d'écouter ces inutiles doléances.

On entend dire bien souvent : « Personne n'est malheureux comme moi ! » Toujours la prétention, toujours ce besoin de se poser en être d'exception. Et on raconte ses *grandes* peines, les *terribles* injustices du sort, à d'autres infortunés qui ont peut-être subi de silencieux martyres ; qui vivent dans les inquiétudes et les appréhensions sans se plaindre parce qu'ils estiment que cela ne sert à rien ; qui luttent et combattent courageusement ; qui ont pardonné à la destinée.

Doué d'un peu de dignité, on ne saurait, d'ailleurs, se complaire à se lamenter ainsi sur sa destinée. On peut pourtant être amené à parler des malheurs qu'on a éprouvés. Mais il ne faut pas développer longuement ce thème douloureux. Il est bon même que l'auditoire sente que l'on a enduré courageusement les souffrances, et supporté bravement les injustices, les événements cruels, la mauvaise fortune. On aime les vaillants, ceux qui ne disent pas : « J'ai été malheureux entre tous » ; qui ne pensent pas avoir seuls droit aux consolations, aux encouragements, à la sympathie des cœurs tendres.

On ne doit pas davantage faire de sa santé le sujet de la conversation. Les longues dissertations sur la maladie dont on souffre, dont on a souffert, ne sont ni gaies ni bien intéressantes. Répondons succinctement aux questions bienveillantes qu'on nous adresse à ce sujet, puis passons à autre chose.

C'est une erreur de dire : « En parlant de ses maux on les soulage. » D'ailleurs un égoïste seul peut penser de la sorte. A-t-on le droit de se décharger sur autrui ? Chacun n'a-t-il pas à porter son propre fardeau ? Il vaut bien mieux, pour soi et pour ceux dont on est entouré, déposer un instant le poids des douleurs inévitables de cette terre. On sera allégé, pendant quelques heures, et on n'aura imposé à personne le partage de sa tristesse.

Raconter nos souffrances physiques ne peut les diminuer du tout, nous le savons tous, et un interlocuteur sensible peut être péniblement impressionné par le récit de ces tortures... que celui qui les éprouve est toujours porté à exagérer un peu.

Mais, pour une foule de gens, le *moi* propre est bien plus digne d'intérêt que le *moi* du semblable. J'ai été témoin de cette petite scène qui en dit long : une dame, affectée de douleurs nerveuses, visitait une dame affligée de rhumatismes. La première s'étend longuement sur ses tortures, puis, par politesse, elle croit devoir demander à l'autre dame : « Vous avez des douleurs aussi ? Est-ce qu'elles vous font souffrir vos douleurs ? » (!!!)

Le ton gouailleur.

Il faut être gai ou, du moins, ne pas attrister les autres par un esprit morose, chagrin, trop grave.

Mais autre chose est de plaisanter sans trêve, à tout propos et même hors de propos. Pour certaines personnes tout sujet prête à rire, même le sujet lugubre ou funèbre.

Je sais bien qu'aux heures les plus tragiques, les choses et les êtres gardent ou prennent parfois des côtés comiques. Mais loin d'en tirer matière à plaisanterie, il faudrait réprimer le sourire monté involontairement aux lèvres. Le bon goût et la décence l'exigent.

Qu'il s'agisse d'un danger, par exemple. Seuls les hommes qui le courent ont le droit de plaisanter sur ce péril. Ils y sont pour leur compte et il leur est bien permis de rire en mourant ou en risquant leur vie. Ceux qui les regardent de près ou de loin ont le devoir de se taire, l'héroïsme des premiers fût-il teinté de quelque ridicule.

Dans la conversation, la plaisanterie perpétuelle

est une fatigue pour les gens sérieux, pour d'autres encore qui, sans être graves, ne considèrent pas la vie comme une chose si joyeuse qu'elle puisse provoquer un rire continuel. Tout le monde n'adopte pas la devise de Figaro.

La gaîté, l'enjouement, la sérénité de l'esprit n'ont rien à voir avec cette plaisanterie gouailleuse. Du reste, quand on veut être agréable dans la conversation, il faut, selon les gens avec lesquels on se trouve, savoir passer « du grave au doux, du plaisant au sévère ».

Se confiner dans un genre est désastreux pour la réputation d'esprit, parce qu'on ne peut s'y maintenir toujours, longtemps à la même hauteur. Il vaut donc mieux se laisser emporter par le courant de la causerie et se conformer un peu au caractère des gens avec lesquels on parle.

S'il est question d'un fait héroïque ou touchant, si toute l'assemblée est remuée et que vous jetiez tout à coup, sur cette émotion, la douche glacée d'une plaisanterie, vous détonnerez sur l'ensemble, vous ferez l'effet d'une dissonance dans le concert, on vous en voudra d'être si peu à l'unisson... si peu en communion de pensée avec les autres. Vous causez un malaise enfin dans l'assistance, on est en droit de vous le reprocher.

Mais vous n'aviez pas été troublé, vous ! Soit,

l'attendrissement ou l'enthousiasme ne se commande pas, et ce n'est pas moi qui vous conseillerai d'affecter un sentiment que vous n'éprouvez pas, mais vous deviez avoir assez le respect des impressions d'autrui pour rester au moins silencieux : et comme vous vous êtes laissé aller à votre nature gouailleuse, vous avez manqué à une des mille nuances du goût.

L'air gouailleur ! voilà qu'il apparaît sur tous les visages, même sur celui des femmes ! il a remplacé l'air impertinent d'autrefois. Lequel est le plus désagréable ? Ma foi, je serais bien en peine de choisir ; je ne sais, toutefois, si je ne préférerais pas encore l'impertinence. D'abord ce défaut était plus circonscrit.

Les gens impertinents semblaient dire : « Par ma fortune, ma position sociale, je me crois bien au-dessus de vous. » C'était trop absurde pour atteindre ou blesser les gens de mérite ou de valeur qui haussaient les épaules et s'éloignaient.

Aujourd'hui, la *gouaillerie* gagne toutes les classes, et on croit entendre de toutes parts : « Ma supériorité d'esprit m'a enseigné que la vie est une vaste... plaisanterie », avec cela, un regard de pitié pour les sots et les naïfs qui croient encore... autre chose. L'orgueil est le même, il est déplacé, voilà tout, et plus étendu. Or, les gens orgueilleux, dans un genre comme dans l'autre, seront toujours souverainement insupportables.

Dire qu'on ne peut jamais rester dans la note juste, autrement dans le bon goût ! Les femmes, il y a quelque quarante ans, étaient sentimentales ou passionnées et jouaient au rôle d'idole. Aujourd'hui elles affectent l'air garçonnier, revenu de tout, et prétendent au titre de camarade de l'homme. Le sexe masculin, lui, après avoir joué les Antony, les Werther, les êtres fatals, pose maintenant pour une désillusion complète, un détachement supérieur, et déclare que tout est matière à plaisanterie. Au fond, il n'est pas sûr que les unes et les autres soient plus naturels à notre époque qu'en 1840.

La gouaillerie est une des formes du scepticisme. Aussi cette nouvelle « manière » fait-elle horreur à tous ceux qui ont gardé une âme généreuse, à tous ceux qui ont foi dans le progrès moral et dans l'amélioration de la nature humaine. Cette amélioration existe, quoi qu'on puisse dire, quoi que je puisse dire moi-même de la société actuelle... Le cœur de l'homme s'est attendri, certainement, et l'on commence à comprendre et même à pratiquer les paroles divines : « Aimez-vous les uns les autres. » « Ne faites pas à autrui ce que vous ne voudriez pas qu'on vous fît »... même parmi ceux qui rient de tout et de leur prochain.

La bonté et la prudence dans la conversation.

La grâce et l'esprit ne sauraient suffire dans la conversation. La prudence et la bonté y sont des vertus indispensables.

C'est la parole, le *verbe*, qui manifeste notre personne morale. C'est par la parole que, nous étant fait connaître, nous avons bien souvent pénétré dans un cœur ou que nous nous en sommes fait bannir à jamais.

Veillons donc bien sur notre parole. Notre bonheur et notre paix sont à ce prix, et encore le bonheur et la paix des autres.

Il est en notre pouvoir d'exprimer ou de retenir notre pensée, mais quand elle a revêtu la forme du mot, elle ne nous appartient plus, nous n'en sommes plus maître, elle est devenue un fait, un être doué d'une vie propre, elle a des conséquences parfois incalculables.

La première résolution à prendre avant d'entrer dans un salon, avant de parler en n'importe quel lieu, devrait être celle-ci : Je veux craindre d'offenser ou de peiner autrui, même involontairement, par ma parole, ou de lui faire tort dans l'esprit de ceux qui m'entendront.

Il ne faut pas défendre à son esprit de briller dans la conversation, ce serait refuser un plaisir à ceux qui écoutent, mais il faut que l'esprit soit modéré ou dirigé par la grâce, le tact et la générosité du cœur.

Pas un instant on ne doit oublier que les paroles ont un grand pouvoir pour nous faire aimer ou haïr.

Il est doux d'être aimé. Il est certain aussi qu'un homme qui nous hait peut toujours, d'un moment à l'autre, nous faire beaucoup de mal. Celui qui serait au-dessus de la crainte — ce qui peut être téméraire — devrait encore, par magnanimité alors, éviter de donner naissance, dans l'âme de son semblable, à ce terrible sentiment, la haine, qui fait beaucoup de mal à qui l'éprouve.

En conséquence, bridons nos lèvres, afin qu'il ne s'en échappe jamais aucun mot piquant, dédaigneux, méchant ou méprisant. Que la parole frappe un homme au cœur, qu'elle le blesse dans sa dignité, qu'elle l'atteigne dans sa vanité, elle ne sera plus oubliée. Si cet homme est vindicatif, nous avons soulevé en lui une tempête de ressentiment que la vengeance seule pourra apaiser, ou qui, paraissant parfois calmée, se réveillera furieuse aux moindres occasions.

Mais je souhaiterais que l'appréhension — d'ailleurs salutaire, — de se faire un ennemi, ne vînt qu'en seconde ligne pour nous inspirer la sagesse dans nos conversations. Redoutons, avant toute chose, de faire souffrir : ce sentiment généreux est seul capable de nous doter d'une prudence véritable.

Beaucoup de gens ont la réputation de savoir causer, parce que rien ne les arrête, ni pitié, ni charité, ni bienveillance. Ils manient sans aucun scrupule l'arme cruelle de la critique et de la satire, n'ayant cure ni souci des blessures qu'ils font. Ne leur demandez pas de réprimer le mot qui peut froisser un auditeur, mais qui affirmera leur réputation d'homme et de femme d'esprit, ils trouveraient votre requête très niaise.

Pourtant, il est dangereux de se faire des triomphes de cette sorte, et il faut être dénué de toute bonté pour les rechercher.

Mieux vaut exciter la sympathie que l'admiration. Je connais des personnes assez étourdies ou un peu emportées, — un grave défaut dans la conversation, — qui — dans un éclair de réflexion — n'hésitent jamais à refouler le mot étincelant et spirituel, mais blessant, qui leur est monté aux lèvres dans un mouvement d'indignation ou d'irritation. Si elles n'ont pas le temps d'arranger leur phrase, elles préfèrent s'arrêter net, patauger, s'embrouiller. Une grande bonté, puisque ceux dont je parle ne connaissent guère la prudence, leur fait ainsi vaincre leur vanité... car on souffre de paraître rester à court de mots ou de raisons.

L'axiome du sage : « Il est bon de tourner sa langue sept fois avant de parler, » est à méditer ; tout le monde devrait le mettre en pratique. Mais je ne sais trop si ce n'est pas encore une plus belle sagesse de s'arrêter au milieu d'une sottise que de l'avoir évitée : avec l'âge on acquiert plus au moins le calme et la froideur des philosophes ; plus difficile, plus beau est de suivre leurs préceptes dans un élan de générosité et aux dépens de l'orgueil.

Il faut pourtant dire aux personnes jeunes qu'elles se font souvent des ennemis irréconciliables pour avoir parlé imprudemment, bien que sans méchanceté aucune, sans intention méchante, au moins. On dit sans avoir regardé autour de soi : « Je déteste les brunes ». « Un visage grêlé me fait horreur. » Si une personne défigurée par la petite vérole ou une femme brune entend ce propos et qu'elle ait l'amour-propre très sensible et le sentiment de mansuétude peu développé, voilà l'étourdi en butte à une rancune... qui saura se manifester. Il y a de plus à se reprocher d'avoir désobligé, peiné quelqu'un.

Avant de laisser tomber de telles paroles, il fallait s'assurer qu'aucun des assistants ne pouvait s'en trouver blessé et, même, comme elles étaient tout à fait inutiles, et peu intéressantes, il était préférable de ne pas les prononcer, ne fût-on environné que de femmes blondes et de visages intacts.

Le tact dans la conversation.

C'est grâce au tact infini des diplomates que les États peuvent entretenir, les uns avec les autres, de bonnes relations internationales.

C'est la diplomatie également qui maintient les bons rapports entre simples particuliers.

Un diplomate ne parle pas sans réfléchir ; il est plein de courtoisie et d'urbanité dans la conversation : il craint de blesser, de froisser, de trop dire ; il a toujours l'esprit en éveil ; il n'est jamais trop empressé, ce qui dénote un manque de sang-froid, mais toujours scrupuleusement poli. S'il s'est aventuré, ou si on l'a aventuré dans une phrase ou réponse dangereuse, il s'en aperçoit à temps. Alors, s'il le faut, il ne finira pas cette phrase, cette réponse... et trouvera autre chose. Pour rien au monde il n'achèverait un mot cruel, ou seulement spirituel, qui lui ferait honneur mais qu'il pourrait aussi regretter.

Chez les étrangers, les Français sont renommés pour la finesse de leur tact, la délicatesse et la vivacité de leur esprit. Ils sont ainsi parce qu'ils sont généreux et qu'ils ne redoutent rien tant que d'être désagréables à autrui, de lui faire de la peine, même involontairement.

Les Anglais, qui ont la franchise un peu brutale, ont pourtant admiré beaucoup une réponse d'un gentilhomme, notre compatriote, à une vieille lady. C'était au milieu d'une brillante réunion, une dame en cheveux blancs s'approche de lui :

— Vous ne me reconnaissez pas, comte ?

Et comme il reste silencieux, cherchant dans ses souvenirs :

— Il est vrai qu'il y a longtemps que nous nous sommes rencontrés, c'était vers...

— Ah ! milady, répondit le comte, c'est que j'ai énormément changé depuis ce temps.

Ce doit être un diplomate de cette école qui disait : « Si vous souhaitez faire un joli compliment à une femme simple et ignorante, et en même temps ne pas vous rendre coupable d'un mensonge, dites-lui qu'elle est belle autant qu'accomplie. La pauvre femme sera contente, vous trouvera charmant, et vous n'aurez pas parlé contre la vérité. » — Un peu jésuitique, mais si on n'a d'autre intérêt à agir de la sorte que celui de faire plaisir, cette politesse, si loin qu'elle soit poussée, est l'indice d'une bonne nature.

Les Irlandais sont un peu cousins des Français, sur ce point, ils se plaisent à dire des choses aimables. Un jour, deux jeunes *girls* (fillettes), demandaient à un habitant de la verte Erin laquelle d'elles deux lui paraissait la plus jolie.

— Comme vous m'embarrassez ! répondit-il, vous êtes toutes deux plus belles l'une que l'autre.

La véritable courtoisie vient du cœur, c'est pour cette raison qu'on entend si souvent des gens sans éducation ni instruction faire de si jolies réponses.

— Vous avez bien froid, mon pauvre enfant, disait une jeune femme à un garçonnet qui marchait pieds nus par un jour d'hiver.

— J'avais froid jusqu'à ce que vous m'ayez souri, madame, répondit l'enfant avec grâce.

Il méritait bien une paire de souliers, cet aimable petit malheureux et on eut grand plaisir à la lui donner.

Les gens qui tiennent à plaire ne posent jamais, dans la conversation, de questions embarrassantes pour ceux auxquels on les adresse, ni de celles qui sentent l'inquisition.

La curiosité ou l'apparence de la curiosité — il y a beaucoup de gens qui interrogent pour parler, non pour savoir — fait classer ceux qui sont affligés de ce défaut parmi les êtres vulgaires, désagréables, grossiers, insupportables.

Il faudrait redouter, au contraire, d'être mis au courant des affaires d'autrui, dont on peut compromettre la sécurité par une indiscrétion involontaire, par une inadvertance qu'on regretterait en vain.

Les personnes fières et délicates, loin d'interroger, ne vont pas au-devant de la confiance des autres. Elles attendent que cette confiance vienne toute seule, qu'on la leur donne, non qu'on la leur accorde. Elles ne provoquent donc jamais les confidences, encore moins les forcent-elles. Qui ne sait, au reste, qu'un cœur ne s'épanche bien qu'en toute liberté, sans avoir été contraint à s'ouvrir.

La grâce dans la conversation.

Il est des adoucissements de langage auxquels il faut s'accoutumer pour ne pas froisser autrui, pour ne pas mériter l'épithète de personnage malappris, désagréable, grossier.

En général, les vieillards n'aiment pas qu'on leur rappelle leur vieillesse par des expressions désobligeantes, telles que « les vieux », « les vieilles gens ». En leur présence, — et même en leur absence, — dites toujours « les personnes âgées ». Et encore le moins souvent possible... quand ils sont là.

Il ne faut jamais faire souvenir à un vieillard qu'il est arrivé à un âge avancé. Si dénué de prétentions qu'il soit, avec quelque sérénité qu'il envisage les conséquences de l'âge auquel il est parvenu, il y a de la brutalité à ramener sa pensée sur des idées qui lui peuvent être pénibles.

Qui croirait qu'une femme, supérieure à tant de points de vue, que Mme Roland, — voyant une vieille femme s'attendrir sur ses angoisses de mère, — lui répondit avec une éloquence qui n'excuse pas le manque de grâce : « Ce qu'il y a de plus rare que les perles, ce sont les larmes des vieilles gens. Elles ne sont guère moins précieuses, elles leur coûtent si cher. »

La première partie de cette phrase surtout est blessante. Ne croirait-on pas que les personnes âgées ne peuvent plus pleurer parce qu'elles sont pétrifiées ou déjà momifiées ? Cette réflexion qui contient un étonnement désobligeant en raison de cet étonnement n'est pas polie. Il faut bien prendre garde à retenir l'expression d'une certaine surprise.

Les femmes étant très sensibles à la perte de la jeunesse, n'éveillez pas devant celles qui ont atteint la maturité l'image trop réelle de cette terrible (!)

époque de la vie. Ces termes : « une quadragénaire », « une quinquagénaire », « une femme mûre » sont cruels. On a créé pour les remplacer un joli euphémisme : *une femme d'un certain âge*.

Une belle-mère prit sa bru en grippe, parce que, dès le mariage de son fils, on ne la désigna plus que de cette façon : « Mme de Z..., *la vieille*. » Belle-mère et bru portant le même nom et aussi le même titre, — quoique M. de Z... père fût vivant, — les gens embarrassés pour les distinguer l'une de l'autre lorsqu'on venait à parler d'elles, n'avaient rien trouvé de mieux que ce qualificatif malsonnant pour établir la différence nécessaire.

Je sais bien que la belle-mère eut tort de détester sa bru pour une si petite chose... dont elle n'était pas coupable, du reste ; mais il était bien facile à leurs amis et connaissances d'épargner cette blessure à la vanité de la plus âgée des deux dames. Ne pouvait-on dire : « Mme de Z... mère » ou « la comtesse mère » — et, plus tard, quand elle perdit son mari : « la comtesse douairière » ?

En parlant de deux sœurs, il n'y a nul inconvénient à dire de la cadette : « C'est la plus jeune. » Mais la plus âgée, pour peu qu'elle ait dépassé la vingtième année, sera froissée si vous la dénommez « la plus vieille ».

Vous aviez à votre service un tour de phrase plus

simple, qui réunit la courtoisie à l'élégance ; vous deviez dire « l'aînée ».

La réalité brutale n'a rien d'agréable ; pourquoi l'envisager constamment, inutilement ? Il est bon de voiler un peu les choses, de laisser aux autres et de garder pour soi quelques illusions. Je sais aussi bien que vous que personne n'est complètement dupe, ne se laisse convaincre par l'apparence. Cependant, les relations sociales seraient-elles possibles si chacun n'avait soin d'envelopper quelque peu sa pensée, s'il l'exprimait telle qu'elle se forme dans son cerveau, toute nue comme la vérité sortant du puits ?

La parole doit la dissimuler sous de légers vêtements qui l'embellissent, lui donnent de la grâce.

Il n'y a là nulle fausseté. C'est bien toujours la chose pensée, mais atténuée par l'expression. D'ailleurs, on n'accomplit ce travail d'édulcoration ou d'ornementation, comme vous voudrez, qu'avec des intentions excellentes, pour empêcher autrui de faire sur soi-même un amer retour.

Une femme mûre ou une femme d'un certain âge, c'est toujours une femme arrivée à l'automne de la vie. Voyez pourtant la différence entre les deux images évoquées. *Une femme d'un certain âge* va vous représenter une personne encore assez près de la jeunesse, qui peut avoir conservé quelques grâces, voire de la beauté. *Une femme mûre* semble, au contraire, s'approcher de la vieillesse ; le déclin, un rapide déclin la menace. La première me fait penser au mois de septembre, l'autre au mélancolique novembre.

Les gens du monde, habitués à veiller sur leurs moindres mots, excellent dans ces nuances qui teignent doucement les aspects rudes, crus de la vie et nous les font accepter plus facilement.

Tout cela est de la convention, dira-t-on. Je vous l'accorde. Mais dans les sociétés humaines, la convention n'est-elle pas en tout et partout ? Et la civilisation existerait-elle si on se laissait aller à tous les mouvements naturels ?

Du reste, au risque d'*avoir l'air* de me contredire immédiatement, je dirai que c'est pour avoir perdu l'instinct, l'instinct qui est d'essence divine, que nous sommes obligés d'exercer une surveillance perpétuelle sur nous-mêmes. La femme qui a gardé un peu plus d'instinctivité que l'homme est moins dure, moins blessante que lui. L'être humain que dirige un instinct généreux trouve toujours la bonne parole qui charme son semblable.

Franchise brutale.

J'espère qu'il sera bien compris que je ne conseille pas le déguisement de la pensée :

On doit, en effet, être sincère dans l'expression de sa pensée, mais on est toujours libre de se taire si, en parlant, on peut craindre de peiner ceux qui écoutent ou, simplement, de leur causer du déplaisir.

Il faut condamner absolument la franchise, *inutile*, brutale ou méchante. Trop de gens se mettent à l'abri sous l'une des plus nobles vertus humaines, pour être à leur aise grossiers, cruels, impitoyables.

Donnons un tout petit exemple de sincérité intempestive : On entend dire à une femme : « Vous avez une chevelure bien abondante ; » et ajouter immédiatement... comme correctif, sans doute : « Quel dommage qu'elle soit si nuancée ! » C'était le cas ou jamais de n'exprimer qu'une partie de sa pensée ; pour le reste, il n'y avait pas lieu de la dévoiler : il ne s'agissait pas d'un avis *nécessaire*, la dame ne pouvait rien changer à la couleur de ses cheveux. Croyez bien qu'elle ne conserva trace dans son souvenir que de la critique et qu'elle ne se rappela pas du tout le compliment qui l'avait précédée.

C'est un rien cela. On fait avec un mot d'autres blessures, d'inguérissables blessures. Nous avons seulement voulu indiquer que si on n'est pas parfaitement bon et très attentif à ne pas froisser son prochain, il n'y a pas à espérer de plaire longtemps et d'être longtemps aimé.

Mais une foule de gens perdent ainsi dix fois par jour une bonne occasion de se taire. Ils émettent tout haut une réflexion désagréable ; ils vous posent une question gênante ou insultante ; ils vous rappellent les choses que vous préféreriez oublier : d'humbles débuts, des histoires de famille désagréables, des sottises dont vous vous êtes corrigé.

Ces gens-là ne manquent pas toujours d'esprit ou d'intelligence, comme on pourrait le croire. C'est tout à fait sciemment qu'ils aiment à vous piquer ... ou à vous poignarder.

Le proverbe arabe : « Le silence est d'or », a été fait pour ceux qui sont affligés de cette intempérance de langue. De grâce, qu'on ne me dise pas : « Ils sont un peu brusques, mais ils ont le mérite d'être francs. » Le silence en plus d'un cas n'est pas dissimulation, mais générosité et sagesse.

On s'éloigne bien vite et très justement de ceux qui se plaisent à taquiner, à tourmenter les autres, à les blesser, à se poser devant eux comme un miroir qui réfléchit les défauts... et se ternit souvent devant les beautés.

La contradiction.

L'esprit de contradiction donne les plus mauvais résultats dans la conversation.

Aussi les gens animés du désir de plaire ne contredisent-ils les autres que dans le cas où il faut absolument établir la vérité pour éviter un mal quelconque. Et, alors même, ils mettent beaucoup de douceur à réfuter l'opinion émise, et ils sont bien sûrs de ce qu'ils avancent à leur tour, c'est un sentiment de générosité qui les porte à exprimer un doute, à combattre une assertion qui, en s'accréditant, pourrait causer un tort à quelqu'un, à une institution, à une idée.

Mais que dire de la contradiction systématique? Il est si facile de se taire quand le sujet discutable est insignifiant et ne porte préjudice à rien ni à personne.

Je ne demande pas qu'on aille jusqu'à parler contre son sentiment, par faiblesse ou lâcheté. Il est clair que, mis en demeure de donner son avis on peut répondre : « J'avoue que je ne pense pas de cette manière, que je préfère ceci ou cela, mais qu'importe mon opinion, n'en parlons pas, je vous prie ».

Ne discutons pas avec les étrangers, ni même avec nos amis et nos parents. Il arrive entre gens qui s'aiment de ne pas penser de même sur certains points de politique, de religion, d'art, etc. Faut-il pour cela se fâcher ?

Si les deux interlocuteurs sont violents ou si même un seul des deux ne souffre pas la contradiction, n'est-il pas préférable d'éviter, *réciproquement*, ces brûlants sujets d'entretien ? C'est un léger sacrifice, pour qui aime, de faire le silence sur celles de ses idées qui blessent les êtres à qui il a donné son affection. N'existe-t-il pas d'autres thèmes de conversation, grâce auxquels on pourrait s'entendre ?

Écartons tout sujet qui peut être ou devenir pénible pour l'un des interlocuteurs. Il est du plus mauvais goût d'attaquer la religion devant une personne pieuse, de fulminer contre un parti en présence de ceux qui appartiennent à cette foi politique. C'est tout à fait odieux si on sait qu'on blesse les sentiments des personnes présentes, ou fort maladroit si, avant de soulever ces questions sérieuses, graves, on ne s'est pas demandé si on ne désobligerait pas quelqu'un, parmi les gens dont on est entouré. On suscite ainsi parfois de terribles querelles quand, dans l'assemblée, se trouve quelque homme fougueux, entêté qu'on a exaspéré volontairement ou inconsciemment.

La douceur de caractère apporte à la conversation un de ses plus grands charmes. Ceux qui en sont doués n'aiment pas du tout à contredire les autres, et s'ils sont pris à partie par des gens qui mettent leur bonheur à discuter inutilement sur toutes choses, à ergoter sur tous les points, ils cèdent la place et, non sans dignité, indiquent qu'ils ne veulent pour faire le jeu de ces insupportables personnages.

La beauté de la voix.

Un beau timbre de voix est une qualité demi-physique, demi-spirituelle.

Plutôt l'une que l'autre, c'est pourquoi je termine par ces lignes les pages consacrées à la parole. Conservez bien la beauté de votre voix ou faites tout pour l'améliorer. N'oubliez pas que tout effort nous est compté, nous est profitable.

Il faut craindre de lui donner ces accents voilés que lui infligent les refroidissements réitérés auxquels on s'expose. Un excès de chant ou de parole la surmène : en parlant ou en chantant, on peut la faire sortir de son diapason, en la forçant dans le haut ou dans le bas, et on lui cause souvent ainsi un tort irréparable.

On peut prendre tous ces soins sans se donner beaucoup de peine, sans *s'affecter* non plus, comme on voit faire à quelques personnes qui, dans le monde, parlent sur un ton qui n'est pas leur ton naturel. Il n'y a qu'à maintenir les cordes vocales dans leur état cristallin, velouté ou métallique (voix argentine, voix d'or). Si la nature nous a refusé un bel organe, nous pouvons du moins essayer, dit un charmant professeur de chant, Mme Lafaix-Gontié, de lui faire perdre la vulgarité, la raucité ou l'âpreté qui le distingue. Ce n'est pas affectation de s'observer pour bien prononcer, pour détruire les sons nasillards ou gutturaux, pour diminuer le volume de la voix, pour lui donner une certaine élasticité.

Il est des exercices appropriés pour obtenir cette amélioration, qui exige beaucoup de persévérance et de patience. Mais qui ne se soumettrait pas à cette tenace étude en pensant aux résultats qu'elle donne ?

Une femme ne pourrait être absolument gracieuse, qui aurait une voix brève et dure. Un homme dont la voix serait rude ou rauque perdrait de sa distinction.

On dit que le régime sanglant est désastreux pour la voix, il la tue. Les paysannes irlandaises, qui ne mangent presque jamais de viande, conservent une voix charmante et modulée jusqu'au jour où elles entrent en service.

Le poisson est aussi très défavorable à la voix. Mais l'alcool lui est encore beaucoup plus funeste. Les chanteurs, ceux qui tiennent à la pureté de leur organe, devraient renoncer à toutes boissons fermentées.

La fatigue physique, les longues marches sont nuisibles à quelques organes.

Il y a une école de jeunes femmes où l'on gâte à plaisir la voix. On parle d'un ton bref, en martelant les mots; on se garde de toute inflexion, c'est un débit saccadé tout à fait agaçant. On se croirait déshonorée si l'on avait une voix moelleuse, on fait tout pour la perdre, si on en est douée. Affectation idiote, mode absurde.

Les belles voix pleines, vibrantes, trouvent si bien le chemin du cœur! J'ai entendu dire par l'adversaire d'un grand orateur : « Hors de sa présence, je rétorque tous ses discours. Quand je l'entends parler, je suis entraîné à penser comme lui. Sa voix est absolument ensorcelante. »

LES RELATIONS

Trop nombreuses connaissances.

On dit qu'il n'y a plus de *salons* à Paris... ni ailleurs. On devrait dire qu'il n'y a plus ou presque plus de salons intéressants, car jamais tant de maîtresses de maison n'ont tenu cercle qu'à notre époque.

On ne peut *causer* avec charme, avec esprit, avec abandon, dans un salon où les visiteurs ne se connaissent pas entre eux, n'appartiennent pas au même milieu, ne vivent pas de la même vie. Et aujourd'hui les salons sont composés de tant d'éléments hétérogènes qu'une profonde indifférence envahit chacun à l'endroit de son voisin.

En effet, on ne peut guère éprouver de sympathie... ou d'antipathie (cette autre forme de l'amour, dit-on) que pour ceux avec lesquels on a quelques points de contact. Un compositeur, un musicien, dont la tête est pleine de chants et de mélodies, écoutera avec ennui, si même il l'écoute, un spéculateur développant ses plans, ses opérations, ses idées parfois étonnantes cependant. De son côté le spéculateur ne se passionnera pas en entendant disserter d'harmonie ou d'orchestration. On pourrait multiplier les exemples de ces contrastes qui abondent dans les salons modernes.

Une maîtresse de maison très intelligente pourrait peut-être tirer parti de ces contraires, mais en général elle se laisse décourager par la froideur qui règne entre les gens réunis autour d'elle : cette froideur la gagne ; on n'échange plus que des mots insignifiants, et chacun se hâte de prendre congé. Cependant, le défilé se continue toute la journée : personne ne réfléchissant à la cause de l'ennui qu'il éprouve ou fait éprouver, ne prend la résolution de renoncer à ces visites qui sont considérées comme des corvées.

On a aujourd'hui un trop grand nombre de connaissances, et on voit ces connaissances trop rarement et trop sommairement pour pouvoir s'en faire des amis agréables. Les trois quarts du temps on n'est pas même suffisamment renseigné sur elles — je ne dis pas au point de vue de la moralité même, ce qui est si grave! mais sur leur manière de vivre, sur leurs goûts, ce qui fait qu'on ne sait comment les intéresser.

Elles ignorent aussi tout ou à peu près de nous, les gens qu'elles rencontrent autour de nous leur sont complètement inconnus. Quel plaisir trouve-t-on à se voir dans ces conditions ? De quoi ose-t-on parler, sans crainte de se compromettre dans l'esprit de ceux qui écoutent ? Combien de fois ne voyez-vous pas un visiteur s'en aller comme il est venu, sans avoir prononcé un mot, si ce n'est pour les salutations d'usage au départ et à l'arrivée ? Et il n'a pas plus écouté que parlé. Souvent il n'a rien perdu du tout.

On en est arrivé à se voir une fois par an ; le reste du temps, en signe de souvenir, on dépose des cartes à la porte les uns des autres. Vraiment c'est absurde. Sans compter que la distance où l'on vit souvent les uns des autres, dans les grandes villes, empêche qu'on ne prenne des habitudes plus rationnelles, plus agréables aussi, — car dans ces conditions, les visites ne sont qu'une obligation ennuyeuse.

Les gens intelligents commencent à protester contre ce bizarre état de choses. On ne veut plus être tenu de rendre ces singuliers devoirs à une foule d'indifférents... à moins que la situation sociale n'y oblige. On ne se liera plus avec *tout le monde* aussi banalement, facilement, — disons le mot : bêtement. On pratiquera une sélection rigoureuse ce qui n'empêche nullement la bienveillance et la grâce à l'égard de ceux qu'on ne veut pas admettre dans son cercle. A moins de circonstances graves, on se tiendra fidèlement, fortement aux gens choisis.

C'est ainsi qu'on faisait autrefois. Après peu de temps de la sympathie — née de la ressemblance des goûts, on passait à l'amitié — née de l'épreuve des caractères et de l'estime réciproque. On n'avait pas aussi souvent que nous, le désagrément d'être obligé de rompre avec des gens qu'on avait trop légèrement consenti ou cherché à voir, sans s'inquiéter de la sûreté de leur commerce.

Le temps dépensé sottement à la porte d'innombrables « connaissances » pourrait être employé utilement à cultiver une amitié.

Les salons ne redeviendront ce qu'ils étaient, qu'à la condition d'être plus homogènes et moins peuplés. Il faudrait y faire refleurir une intimité de bon ton. C'est la génération qui s'élève qui nous les rendra.

Le choix dans les relations.

Les relations entre les hommes ne peuvent être bonnes et bienfaisantes que si les hommes se font de part et d'autre assez de concessions pour écarter des rapports mutuels tout ce qui peut troubler ou exciter.

Il faut être bienveillant à l'égard de tous, serviable et même généreux, c'est-à-dire ne pas se ménager quand on peut être utile ou agréable à autrui quelconque ; mais avant d'accorder son amitié à un homme, avant de pénétrer dans son intimité ou de le laisser pénétrer dans la nôtre il est indispensable de manger un boisseau de sel avec lui... prétendent les Arabes, autrement dit, il est nécessaire de l'étudier longuement,

Les ruptures sont toujours chose pénible. Il est bon de se prémunir contre de telles extrémités, de les éviter par tous les moyens possibles.

Il y a des gens faciles à vivre ; avec ceux-là, si on a soi-même un caractère agréable et conciliant, on n'a guère à craindre les brouilles, ni fâcheries. Mais il existe des êtres désagréables, grincheux ou agressifs, avec lesquels on ne doit nouer que des relations banales... et rares, à moins d'être de tempérament passif et très placide, ou un peu disposé à subir l'esclavage et les mauvais traitements.

Observez donc les gens avec lesquels les circonstances vous mettent en rapport... observez-vous vous-même en leur présence. Éprouvez-vous un sentiment de malaise quand ils sont là et même quelque temps après qu'ils vous ont quitté, vous laissent-ils toujours mécontents d'eux et de vous, — alors même, qu'au début vous ne puissiez apprécier les causes de l'état où ils vous mettent, — éloignez-vous d'eux (sans les froisser bien entendu, en prenant des ménagements), car l'influence qu'ils ont sur vous vous sera défavorable et ils n'en retireront non plus rien de bon. Vous ne vous convenez pas. Il faut vous garder de les voir à intervalles rapprochés.

Cela ne vous empêchera pas de rester à leur égard plein de bon vouloir et de leur rendre tous les services possibles ; cela n'influera nullement non plus sur la politesse aimable que vous leur devez dans les rencontres inévitables ; enfin, cela ne vous libérera pas de vos devoirs envers eux. C'est l'intimité seule qui doit être redoutée.

Si doux que l'on soit, il est désagréable d'être en butte aux sarcasmes, aux critiques, à l'ironie d'un homme, fût-il notre ami... comme on dit si légèrement ! On finit par s'irriter, c'est un état d'esprit qui vous est nuisible et qui n'améliore pas celui qui l'a fait naître.

Les plaisanteries taquines, les contradictions erronées et obstinées excitent les gens nerveux. Les coups de boutoir froissent les âmes délicates. Les dénis de justice exaspèrent les esprits droits. L'entêtement met hors d'eux-mêmes les êtres qui raisonnent avec justesse. L'opposition systématique peine les gens affectueux. — Il vaut mieux s'épargner ces troubles moraux et ne pas donner aux défauts d'autrui l'occasion de s'exercer.

L'esprit désagréable, difficile ou chagrin se décèle à mille petits indices. Vous racontez à un homme, que vous croyez disposé pour vous plutôt que pour votre adversaire, que vous avez subi une injustice, le fait est indéniable. Vous pensez qu'il va vous plaindre ou seulement reconnaître que vous avez raison. Pas du tout, il va nous prouver par $a + b$ que vous devez encore vous estimer heureux d'être traité de la sorte; que vous allez trop vite en demandant cette réforme; qu'autrefois c'était comme ceci, comme cela, et que cela devrait vous voiler tout ce que le présent peut avoir de défectueux. Que lui-même, — vous attendiez bien ce moi haïssable! — il ne se plaint pas... et que pourtant... etc., etc.

Ou c'est d'un bonheur qui vous est survenu dont vous parlez. Et vous vous apercevez tout à coup qu'on vous écoute avec froideur ou qu'on trouve pénible de vous entendre; qu'on aime mieux *ignorer* votre joie ou votre bonne chance. Et une douleur aiguë vous traverse le cœur.

Vous voyez bien que l'amitié pour être durable et profitable de chaque côté ne doit pas être trop hâtive, qu'il est indispensable de manger le boisseau de sel avant de livrer les clefs de son cœur, non seulement pour soi... mais pour *l'autre*.

En dehors même des relations amicales, il faut encore étudier les gens avec lesquels on pense à établir des relations mondaines. Il est certain que les visites et toutes les cérémonies de la vie sociale pourraient cesser d'être considérées comme des corvées, que « le monde » laisserait moins de dégoût profond, si chacun voulait apporter dans les relations les sentiments qui devraient exister entre les hommes pour le bonheur de tous. Oui, dans les plus simples visites de politesse, il faudrait vibrer de sympathie humaine.

Il est triste de voir les hommes en société vivre sur le pied de guerre à l'égard les uns des autres. Ne craignez pas que j'aborde ici les questions politiques et philosophiques, elles sont bien au-dessus de ma compétence ; mais les mondains les plus mondains, ces gens qui, si on en croyait certains récits, seraient tout sucre et tout miel, peuvent fournir la preuve de ce que j'avance. C'est surtout dans les salons qu'on voit l'homme armé contre l'homme. Quand je dis simplement l'homme, c'est pour plus de commodité : la femme n'est pas moins prompte à blesser que son congénère masculin.

Il est vrai qu'on ne frappe pas brutalement, c'est avec d'exquises façons et des paroles douces qu'on enfonce le trait envenimé dans le cœur de son semblable. En un mot, l'insolence et la méchanceté se poudrent et se musquent au point de ne plus paraître que sous la forme soi-disant acceptable de l'impertinence et de l'ironie. Les gens du monde, habitués par l'éducation à raffiner sur tout n'en distillent que mieux leur colère et leur rancune, et vous savez de combien l'essence dépasse en force la matière première.

On est, du reste, parfois si disposé soi-même à la malveillance qu'on est toujours sur ses gardes et prêt à se croire offensé. Il y a tout de même des innocents dans les salons ; des gens qui ne pensent pas à mal et dont peut-être les intentions sont pures. Mais ils manquent d'attention, ils ont mauvaise vue, mauvaise oreille, et, surtout, ils n'ont pas toujours l'épée hors du fourreau. Dans ces conditions, si grand que soit leur tact, si imprégnés d'amabilité que soient leurs moindres mots, ils commettent parfois des maladresses, des impairs, qu'on se garde bien d'attribuer à une distraction, dont on prend plaisir à se venger cruellement, au grand ahurissement de la victime qui ne comprend rien du tout à ce qui lui arrive.

Combien de fois cela arrive-t-il ainsi ? Mais en admettant que l'intention de blesser, d'offenser soit visible, irez-vous descendre au niveau du coupable en lui rendant coup pour coup ? Toutes les fois qu'elles le peuvent, les nobles natures dédaignent de riposter à ces misérables attaques.

Il vaut mieux se retirer peu à peu du chemin de ceux qui nous veulent du mal, avec lesquels notre caractère ne peut sympathiser, que de goûter au fruit amer de la vengeance... selon l'expression d'une de mes amies.

Il faut rester sur les degrés élevés, ne pas descendre dans l'arène, se secouer simplement pour faire tomber les traits reçus... même alors qu'il ne s'agit pas de tout petits incidents de salons, alors que la malveillance serait plus préjudiciable.

Les habitudes vulgaires.

Il faut bien prendre garde de contracter des habitudes vulgaires : cela se fait sans y penser, mais on a ensuite toutes les peines du monde à se corriger. Quand on a le légitime désir d'acquérir de bonnes manières, de contenir son geste, etc., etc., il faut veiller très soigneusement sur soi, pour ne pas perdre, très vite et très facilement, ce que l'on a appris de la science mondaine, non sans effort, pourtant.

On retombe plus aisément à un certain niveau qu'on ne se maintient à une certaine élévation.

Ne méprisons personne ; les gens entachés de trivialité ne méritent aucun dédain s'ils sont honnêtes ; ne refusons pas de parler avec eux, à l'occasion, ne nous montrons à leur égard ni désagréables ni impolis pour les éloigner, — ce qui est est incompatible, au reste, avec les bonnes façons. Mais il ne faut pas *se complaire* en leur compagnie, sous peine de prendre quelques-unes de leurs manières, de leurs locutions, de leurs habitudes, et, par un assez étrange manque de réciprocité, sans leur rien donner des nôtres. Je connais un homme instruit qui dit *la grosse légume*, comme son jardinier, tandis qu'il semblerait plus naturel que ce dernier parlât comme son maître.

On entend dire souvent : « Les personnes n'étaient pas chez elles. » Il faudrait, pour l'élégance : « Ces personnes n'étaient pas... etc. », ou « M. et Mme X. n'étaient pas chez eux ». Des gens instruits m'ont souvent étonnée en s'exprimant ainsi : « La mère d'elle », au lieu de « la mère de Mme Z », dont on venait de parler. Cela était dû à la fréquentation d'illettrés, de personnes qui s'inquiètent peu de pécher contre le goût et la grammaire. Mais pareille chose devrait-elle se produire ? C'est tout le contraire qu'on attendrait. Voilà pourtant le résultat d'une négligence impardonnable, et cela prouve qu'il ne faut jamais cesser de se surveiller.

Voyez les enfants, ils adoptent bien plus vite les expressions vicieuses des domestiques, leur prononciation défectueuse, que le langage et l'accent élégant de leurs parents. Il en est de même pour les défauts. Les domestiques, au contraire, frottés à la candeur des enfants, prennent-ils quelque chose de leur naïveté et de leur charme ? Une jeune fille bien douée, qui servait chez une vieille dame, resta parfaitement distinguée, jusqu'à ce qu'elle fût mise en contact, dans une autre maison, avec des serviteurs grossiers sous leur vernis de gens stylés. Alors elle perdit ses excellentes façons et jusqu'à ses bons sentiments. Pourquoi ne ressembla-t-elle pas plutôt à ses nouveaux maîtres qui étaient parfaits ?

Préférons donc la société des gens qui valent mieux que nous, auprès desquels nous pouvons nous former aux usages de la bonne compagnie. Je suis persuadée que l'on peut fréquenter aussi des hommes et des femmes placés au-dessous de soi sur l'échelle sociale, lorsqu'ils possèdent cette délicatesse innée qui les mettrait à leur place n'importe dans quelle position. Ceux-là ne sont ni communs ni vulgaires, quelle que soit la situation où ils sont nés.

Mais il est des personnes qui *recherchent* les gens qui leur sont inférieurs sous le rapport de l'instruction et de l'éducation. Ne croyez pas qu'ils choisissent ainsi leurs amis par philanthropie, — comme Tolstoï, qui vit au milieu des paysans russes pour les élever jusqu'à lui, non pour descendre jusqu'à eux. Les personnes dont je parle savent qu'elles ne brilleraient pas dans le monde où elles ont été élevées, soit parce que la nature leur a refusé certains dons, soit parce qu'elles n'ont pas voulu se donner la peine d'acquérir certaines élégances. Elles espèrent régner, au contraire, sur les êtres moins raffinés, auxquels elles ne se mêlent que pour contenter les besoins de leur vanité. Elles descendent sans aucun bien pour ceux chez qui elles se sont introduites.

A tous les degrés, il est permis, il est même ordonné d'essayer de s'élever. C'est la loi du progrès. Non seulement en ce qui concerne la situation matérielle, mais encore, mais surtout en ce qui concerne la culture intellectuelle et morale, même au seul point de vue de l'élégance.

Et si l'on veut que les autres s'élèvent en même

temps, il ne faut pas descendre vers eux, il faut les faire monter vers soi.

L'égoïsme.

S'il est un défaut qui s'oppose au but de la vie, — donner du bonheur, servir autrui, en cherchant à plaire, en se faisant aimer, — c'est le monstrueux et bien peu habile égoïsme.

Comment ne comprend-on pas que c'est une faute, non seulement contre les autres, mais encore contre soi-même, cette disposition qui nous porte à nous concentrer, au lieu de savoir rayonner au dehors, nous extérioriser, en quelque sorte ? Nos semblables vont se renfermer aussi en eux-mêmes, et voilà l'échange indispensable entre les hommes rendu impossible au grand dommage des uns et des autres.

J'ai souvent répété qu'il faut se cultiver au physique et au moral, mais ce n'est pas uniquement pour soi, à un point de vue égoïste, c'est afin de répandre sur autrui joies et satisfactions. Et puis, c'est parce que l'homme qui accomplit son devoir envers lui-même sert encore les autres, c'est-à-dire la cause de l'humanité qu'il perfectionne ainsi, qu'il avance en sa personne.

Mais je n'ai jamais voulu dire qu'on ne doive pas détacher sa pensée et ses yeux de soi-même. Il y a temps pour tout, quand on veut. Il s'agit seulement de ne pas gaspiller les minutes.

Un être au cœur large, à l'esprit généreux pense à lui-même, sans doute, mais autant aux êtres qui lui sont chers et à tous ses semblables. A certains moments, il sait s'oublier complètement, — quitte à reprendre son travail sur lui-même quand les autres n'ont plus besoin de lui. Du reste, à ces heures d'entier dévouement, il est loin de délaisser le culte de la beauté, il n'en est jamais aussi près qu'en ces instants où il s'absente de lui-même, pour s'absorber utilement dans une œuvre ou dans un être.

Il y a des gens dont l'égoïsme est continu, d'autres dont le dévouement n'est qu'intermittent. C'est pour cela que le monde va si mal. Si chacun faisait tout le bien dont il est capable, la terre serait un paradis. Mais ceux-ci ne veulent rien sacrifier, soit le riche qui se refuse à détacher une parcelle de ses richesses, soit le mendiant, encore en état de faire un effort, qui se refuse au travail. D'autres se donnent de temps en temps mais se reprennent vite ; le *moi* réclame immédiatement. Enfin il en est aussi qui placent mal leur dévouement : c'est quand ils ont encore eux-mêmes en vue en se dévouant, c'est qu'ils n'ont pas dépouillé comme ils le croient, comme on le croit, le terrible égoïsme.

Egoïsme, le mal de la terre, qui retarde tant le progrès moral et qui avance tant le progrès matériel, dont les esprits de haut vol commencent à s'effrayer.

Le dépouillement de l'égoïsme ne consiste pas à se jeter au feu sans réfléchir et sans profit pour personne, comme quelques natures exaltées peuvent être portées à le comprendre. Il ne serait jamais besoin, au reste, d'en venir à ces extrémités, si chacun de son côté voulait faire un sacrifice : le riche, dont nous parlions, en offrant un peu de son or, le mendiant en surmontant sa paresse ; le maître en donnant un peu d'affection à son serviteur, le serviteur en respectant les intérêts de son maître. La réciprocité, tout est là ! Il n'y aurait qu'à se prodiguer mutuellement d'abord ces nombreux petits services qu'il est au pouvoir de tous de rendre, — et qu'on ne rend pas par mauvais vouloir ou paresse, — les preuves d'amour toujours plus grandes viendraient ensuite très facilement, sans qu'on y pensât même.

On ne peut évidemment répandre, sur tous ses semblables, l'ardente tendresse qu'on éprouve pour quelques-uns. Mais se refuser à être utile à *qui-*

conque, dans les circonstances petites ou grandes, alors même que le service demandé exige peu d'efforts — parfois pas d'efforts du tout, — voilà l'égoïsme, l'affreux égoïsme.

Mon Dieu ! pour commencer, il ne faudrait pas réclamer des choses très héroïques. Pourquoi celui-ci ne veut-il pas prêter un bon livre qui ferait tant de bien à son ami ? Mais aussi pourquoi celui-là ne veut-il prendre aucun soin de ce volume qui est la propriété d'un autre ?

Pourquoi l'un hésite-t-il à faire cent pas de plus pour obliger un pauvre diable ? Mais pourquoi l'autre, le pauvre diable, hésite-t-il tant à remercier celui qui l'a obligé ? — Manquer de reconnaissance, c'est une des formes de l'égoïsme.

Le genre humain n'est pas du tout composé pour une part d'anges, de saints, de philosophes. En conséquence, le respect de la loi de réciprocité peut seul anéantir l'égoïsme. Il faut bien savoir que les meilleurs, qui restent hommes, malgré tout, voyant qu'on abuse d'eux, se refusent à jouer longtemps le rôle de dupes. Et les parfaits, — il y en a quelques-uns — se demandent si leur dévouement ne développe pas davantage le vice qui est le plus grand ennemi de l'homme.

De longtemps, je le sais, entre deux hommes, l'abnégation ne pourra être égale. L'un donne toujours plus qu'il ne reçoit, mais celui-là, étant généreux, se contente de peu en retour de beaucoup. Que l'autre ne refuse pas tout, qu'il fasse effort contre sa nature : l'effort nous améliore et nous grandit peu à peu. Il prendra l'habitude du sacrifice et de l'amour. Il augmentera l'amour et le besoin du sacrifice chez celui qui a commencé à donner.

Culture de l'amitié.

Il y a des affections bien singulières. Des gens vous disent que vous êtes leur meilleur, leur plus cher ami, jurent que vous êtes tout pour eux. Venez-vous à les rencontrer hors du tête-à-tête ou, au moins, de la stricte intimité, si cette amitié qu'ils ont ou prétendent avoir pour vous est compromettante, — c'est-à-dire s'ils croient que quelqu'un, à qui ils ont fait les mêmes protestations, ou à qui vous déplaisez, ou qui est votre ennemi, peut prendre ombrage de leur sympathie à votre égard, — ils affecteront, vis-à-vis de vous, un air froid, détaché, ils auront à peine l'air de vous connaître.

Bien plus, ils éviteront le groupe où vous vous trouverez, et si vous vous dirigez vers eux, leur visage prendra une expression de contrainte et d'ennui, puis aussitôt qu'ils le pourront, — ou même avant, — ils vous quitteront pour aller où leur intérêt si ce n'est leur pusillanimité les guide.

Ces procédés irritent justement les âmes fières, qui en sont victimes. En effet l'amitié a des obligations, des devoirs inéluctables. Quand on ne veut pas les remplir, il ne faut pas s'engager imprudemment dans des relations qui peuvent devenir gênantes. On n'est jamais forcé d'aimer profondément ni de voir intimement ceux qui ne sont pas de notre sang, on ne leur doit que de la bienveillance et des égards.

Mais quand on a protesté de son amitié, il faut avoir le courage d'affirmer cette amitié en tous lieux et en toutes circonstances.

Avant de faire le pas décisif vers une intimité quelconque, on fera bien de méditer ce que Shakespeare fait dire à Polonius, dans *Hamlet*, au sujet d'une querelle ; il n'y a qu'à substituer à ce dernier mot le mot amitié.

« Prends garde de te mêler à une querelle, mais une fois que tu y es engagé, soutiens-la. »

On a encore des amis, qui nous aiment quand... ils n'ont rien de mieux à faire. Vous leur dites :

— Mais vous m'oubliez, je ne vous vois plus ?

— Ah ! que voulez-vous ? répondent-ils, j'ai ceci ou cela à faire.

S'ils s'agissait de devoirs professionnels ou de famille, d'occupations vraiment importantes et, surtout, *irrémissibles,* l'ami forcément et involontairement négligé aurait tort de se plaindre.

Mais, le plus souvent, on n'a pas pris la peine de venir le voir, parce qu'on était absorbé par un livre intéressant, parce qu'on a trouvé plus amusant de continuer un travail qu'il n'y avait nul inconvénient à interrompre, ou parce qu'on a préféré rester auprès de gens ou visiter des gens qui ont un attrait supérieur, ou tout autre motif. On s'est réservé l'autre ami pour les jours pluvieux, solitaires ou inoccupés et on trouve qu'il doit s'en contenter. S'il réclame, on crie à la tyrannie.

Qu'arrive-t-il ? Peu à peu, celui qu'on aime quand... on a rien de mieux à faire, comprendra le peu de fond qu'il lui faut faire sur cette affection et, de son côté, il éliminera alors de son cœur l'amitié dédaignée. Après, il ne se plaindra plus.

L'amitié ne peut exister qu'à la condition d'être égale des deux parts. On citera, je le sais, des exemples d'amitiés où l'un donne tout et l'autre rien ou fort peu de chose. Mais ce sont là des exceptions. En général, on n'aime pas à être trompé. Il y a des sublimités dans la nature humaine, on a vu des hommes prodiguer tout leur cœur et ne rien attendre en retour, mais ce sont des héros. Et la plupart d'entre nous se sont parfois répété le mot profond de Pascal : « Qui veut faire l'ange, fait la bête. »

Considérons donc nos amis comme de simples mortels. Ne leur demandons ni tendresse ni dévouement, que nous ne soyons prêts à leur rendre... L'amitié, comme la bienveillance, vit de réciprocité. Il nous est permis d'aimer d'aimables indifférents quand... nous n'avons rien de mieux à faire ; mais à nos amis, il faut savoir sacrifier notre temps et nos goûts. Je n'ai pas dit nos devoirs, et, du reste, l'ami qui demanderait que nous les oubliions ne mériterait pas longtemps notre amitié.

Le bonheur insolent.

Il est une charité que comprennent et que pratiquent les cœurs et les esprits délicats, c'est celle qui consiste à ne pas étaler orgueilleusement son bonheur sous les yeux des malheureux, ou seulement des gens moins heureux que soi.

Ils en agissent ainsi pour ne pas exciter l'envie et augmenter, par suite, les souffrances des infortunés.

Un homme qui raconte ses exploits cynégétiques et nautiques, tous les plaisirs de ses villégiatures variées à un employé de commerce ou d'administration que la nécessité rive à un comptoir ou à un bureau, cet homme commet — peut-être inconsciemment — une action, mauvaise, car il vient d'éveiller plus vivement ce besoin de grand air, de soleil, d'exercice que le pauvre employé ne peut satisfaire, et il lui a fait penser qu'il y a des gens plus favorisés que lui, l'amenant à se demander : « Pourquoi est-ce celui-ci plutôt que moi ? » Tandis que ce désir de liberté, d'espace, de mouvement, tandis que les terribles comparaisons de bas en haut pouvaient rester vagues, informulées dans ce cœur et cet esprit, qu'une sotte vantardise vient d'ulcérer profondément.

Je sais bien qu'il faudrait être... parfait... que l'employé pourrait se dire qu'il y a sur la terre des êtres mille fois plus à plaindre que lui. Mais qui ne sait que cette sagesse philosophique est rare, et ne vaut-il pas mieux procéder comme si elle n'existait pas ?

Exultez tant que vous voulez devant vos égaux en chance et succès, mais en présence de ceux dont la vie est rude et pénible, retenez l'expression de votre joie et de votre contentement. Est-il donc si difficile de réfléchir et de se dire que cette exubérance des privilégiés ne peut manquer de provoquer chez les malmenés du sort un triste retour sur eux-mêmes ?

Qu'avec un peu de tact, un peu moins de dédain des humbles on diminuerait donc la foule des mécontents ! Mais c'est une si cruelle insolence de paraître ignorer que ceux qui sont au-dessous de nous... par la situation de fortune, ont aussi des besoins, des désirs, une imagination, c'est une si terrible maladresse de faire naître chez les déshérités des sentiments de colère et de haine. Gardons-nous d'avoir le bonheur insolent... même dans les positions modestes, puisqu'un homme plus malheureux peut envier les joies les plus simples : « L'insolence en germant produit l'épi du malheur, » dit le grand Eschyle.

Extirpons donc de notre cœur l'orgueil, la vanité, la dureté, l'égoïsme, ces pères et mères de l'odieuse insolence.

Il ne faut se vanter de rien pas même de sa santé. Il est terrible d'exciter l'envie... qui fait tant souffrir celui qui l'éprouve. C'est un proverbe faux celui qui dit : Il vaut mieux faire envie que pitié. On n'éveille ni pitié quand on garde pour soi ses souffrances, ni envie quand on ne raconte pas son bonheur et c'est ce que la prudence nous enjoint de faire.

En ce qui concerne le bonheur, en parler, c'est souvent ouvrir la porte pour qu'il s'envole.

Soyons heureux sans imposer aux autres notre

bonheur... et si nous souffrons que ce soit avec courage et fierté.

Les fâcheux.

Il y a toujours des fâcheux comme au temps de Molière. C'est que l'égoïsme, — pourtant bien atténué déjà par les progrès de la civilisation, — persiste encore trop dans le cœur humain. Se rendre importun, c'est une manière de montrer qu'on ne pense qu'à soi, à son plaisir, à ce qui peut être utile, agréable, avantageux au *moi* chéri... et qu'on se soucie de tout cela comme d'une guigne, en ce qui concerne le prochain.

Il se trouve parfois que le fâcheux ne puisse exercer sa tyrannie ; il arrive qu'il soit rabroué de la belle manière. C'est quand il s'adresse à un Eraste égoïste lui-même, un peu brutal, sans gêne, qui n'entend pas se sacrifier.

Tout en souhaitant que chacun s'immole à la politesse, — cette forme de la charité, — il peut être heureux qu'il existe quelques bourrus pour mettre les importuns à la raison, leur donner de vertes leçons, les empêcher d'exploiter autrui.

Mais le fâcheux a un merveilleux instinct, il ne s'adresse guère qu'à ceux dont l'indulgence, la bienveillance ou la simple urbanité lui est un sûr garant d'impunité. En outre, le fâcheux n'est jamais un ami, c'est toujours une simple connaissance, qui n'a aucun droit sur nous, mais qui sait qu'on ne peut lui rompre en visière quand on ne veut pas être taxé de grossièreté.

Il vous est arrivé à tous, n'est-ce pas ? de trouver sur le seuil de votre porte, au moment où vous alliez le franchir, un fâcheux qui venait vous voir au mépris du jour et de l'heure réglementaires, c'est-à-dire choisis, indiqués par vous.

— Ah ! vous sortiez ! — Mais oui, j'ai à voir un parent malade, ou j'ai une course indispensable à faire. — Comme c'est contrariant pour moi qui voulais passer quelques instants avec vous ! — Mais je ne vous renvoie pas. Entrons.

Au fond, on espère bien que ce ne sera pas long. On reste en tenue de ville, on garde ses gants, on se dit : Voyant qu'il me dérange, il se retirera vite. Mais non, le fâcheux est bien résolu à vous raconter par le menu toutes les petites affaires qu'il entend vous confier ou vous faire connaître... et qui sont toujours d'une nullité, d'une banalité, d'une pauvreté déplorables.

Fâcheux aussi celui qui survient au moment où l'on allait se mettre à table. — Je parle toujours des simples connaissances. — Il dîne à sept heures, vous à six. Mais il n'a pas songé à s'informer de l'heure de vos repas. Celles des siens seules lui importent, et il n'entendra pas les cris ni les réclamations de votre estomac.

Fâcheux celui qui abuse du temps des autres en leur imposant sa présence ; de leur patience en leur parlant de lui, des siens avec des détails d'une insignifiance à faire pleurer, qui exploite la bonté de ceux avec lesquels il est en rapport en leur réclamant sans cesse et sans trêve des services petits ou grands.

Et que d'autres cas où l'on pourrait taxer les gens d'importunité, s'il ne fallait se borner !

Toutefois il faut ajouter que cette faute, qui n'est pas une des plus graves, éloignent bien du but de leur ambition ceux qui souhaitent de plaire et d'être aimés.

Ils prendront donc bien garde de se rendre importuns par irréflexion, par étourderie.

S'ils ont été « fâcheux » une fois, ils doivent s'en être aperçus et ils craindront de recommencer l'expérience.

Les ennuyeux.

Bien souvent nous ne trouvons les gens si ennuyeux que pour ne pas savoir faire sortir d'eux ce qui y existe en esprit et en intelligence.

Chacun a son côté intéressant. C'est faute de regarder que nous ne découvrons pas ce côté.

Il y a des hommes et des femmes qui excellent à faire jaillir d'un être tout ce qu'il contient de bon, de beau, d'intéressant, de lumineux. En d'autres mains, il fût resté complètement effacé, obscur, fermé.

Quel que soit celui avec lequel on parle, on peut toujours apprendre quelque chose. Au milieu de phrases inutiles ou prolixes, un paysan peut jeter, sur l'agriculture ou la nature, un mot si juste, si profond, parfois si joli, que vous restez saisi, pensif, admirateur. C'est à vous de pousser plus loin, vous trouverez ainsi beaucoup de fleurs ou d'épis, — selon la grâce ou l'utilité de l'enseignement, — dans ce champ qui nous avait paru stérile.

Auprès d'un militaire, qui ennuie les autres avec la technique de son métier, vous aurez la chance d'entendre tout à coup un mot d'une philosophie saine et élevée. Ce mot vous fera comprendre, dans un éclair, la nature supérieure d'un homme qui était considéré comme un insipide « Ramollot », et que vous pourrez amener sur d'autres terrains que ceux où on le laissait ordinairement.

Il faut savoir gratter l'écorce pour faire couler l'essence de certains arbres. Ainsi de certains hommes. C'est le grand art de quelques-uns, de quelques-unes, surtout.

Chacun de nous devrait essayer de l'acquérir. Ceux qui le possèdent sont toujours doués, avec la finesse et la perspicacité, de bonté et de patience, de cette patience qui est le génie, assure-t-on.

Politesse égalitaire.

La politesse évolue sans cesse dans ses manifestations... comme l'âme humaine... comme la question sociale. Voilà que la génération actuelle, — dont on dit trop de mal, — pratique déjà une politesse à peu près égalitaire, c'est-à-dire employée à l'égard de presque tous les hommes. Le temps n'est pas loin où la politesse sera étendue à tous, sans plus de distinction de caste, de position, de fortune. C'est un progrès plus grand qu'on ne l'imagine, car il témoigne éloquemment que le sentiment de fraternité grandit dans le cœur de l'humanité.

Dans le sombre et dur moyen âge, une femme, qui n'était pas de son temps, souffrait « d'entendre toujours parler durement aux pauvres gens », aux petits, aux humbles, aux faibles. C'était une princesse française, la sœur d'un saint, il est vrai, la fille de Blanche de Castille. Comme elle avait raison, la douce Isabelle, comme elle a eu raison longtemps, comme elle aurait encore raison quelquefois aujourd'hui !

On commence à comprendre cela, mais peut-être pas chez ceux qui appartiennent à des générations plus lointaines, imbues de préjugés, d'idées moins généreuses.

Il faut remonter un peu en arrière, c'est-à-dire avoir affaire à des maîtresses de maison d'un certain âge pour trouver dans les salons certaines différences d'accueil tout à fait impertinentes et peu charitables. La situation quelconque, les sacs d'argent y sont pesés. On s'empressera autour des personnes influentes et des millionnaires, on traitera systématiquement avec froideur les gens qui ne peuvent être utiles à aucun titre ou qui ne possèdent pas l'auréole de la fortune.

Vous me direz que ces derniers sont bien sots de s'exposer à de pareilles insolences, je suis bien de votre avis. Mais souvent ils ont été attirés dans la maison, appelés et, naïvement, ils ont cru qu'on leur donnerait la place à laquelle tout honnête homme a droit partout, auprès de qui que ce soit.

— On entend bien que je ne parle pas des préséances hiérarchiques, qui sont le maintien de la discipline, ni de celle qu'on accorde à l'âge. — Mais, je l'ai dit, ces préjugés tendent beaucoup à disparaître, et une réception *également* cordiale et aimable sera réservée à *tous*. On choisit bien ses relations, voilà tout, afin que toutes s'accordent ensemble, sans froissements.

Relations fugitives.

Dans nos rencontres fortuites avec les gens qui nous sont inconnus, nous sommes tenus de faire preuve de bienveillance et de grâce, si l'occasion s'en présente. Toutefois, il est ridicule, il peut être dangereux de se laisser aller à accorder une confiance trop complète à des étrangers, à leur témoigner une trop grande amabilité.

Je n'engagerai jamais personne à adopter la raideur britannique, — qui interdit à un bon nageur de sauver un noyé si celui-ci ne lui a été présenté, — mais je ne sais si elle déplaît plus que l'expansion de certains Méridionaux à l'égard des étrangers. Entre deux extrêmes, il y a toujours un terme moyen à prendre ; ici ce serait une réserve gracieuse.

En voyage, par exemple, il arrive que des inconnus rendent à une femme de légers services. Il serait grossier de ne leur témoigner aucune gratitude, mais il serait déraisonnable de se croire obligée, de ce fait, à établir avec eux une certaine intimité. Il suffit de remercier en termes polis, reconnaissants, qu'un sourire peut fort bien accompagner. On s'en tient là; toutefois, si on trouve, à son tour, une occasion d'être utile, on s'empresse de la saisir.

J'espère qu'on entend bien ce que je veux dire : s'il est sot d'engager avec des étrangers des conversations familières, de leur raconter ses affaires de famille, il serait cependant absurde de n'oser prononcer un mot obligeant, même aimable, si la circonstance s'y prête. Cela ne mène à rien, quand on sait rester dans les limites voulues.

La vraie femme, qui a le souci des autres, lui fussent-ils tout à fait inconnus, craint toujours de gêner, d'abuser, d'empiéter ; ne se carre, ni ne s'étale, cède toujours un peu de son confort, de la place à laquelle elle a droit.

Elle pense un peu plus à ses compagnons de route qu'à elle-même. Elle craint de baisser la glace d'une portière, pour ne pas exposer les autres à l'air froid, alors qu'elle-même trouve l'atmosphère trop lourde. Elle ne se permet pas de relever un store si, ce faisant, elle inonde une autre personne des rayons du soleil et si gênante que puisse être pour elle — qui veut peut-être lire ou travailler, — cette demi-obscurité qu'on a faite dans le wagon. Même lorsqu'elle croit pouvoir, sans inconvénient pour les voyageurs arrivés avant elle, changer l'état de choses qu'elle a trouvé, elle demande l'assentiment de tous.

Il lui coûte peu de se priver de quelques aises pour épargner une gêne à autrui. Ces façons d'agir sont inspirées par cette bienveillance qui fait la véritable femme du monde, bien mieux que la correction d'une révérence ou d'une poignée de main... ce qui n'empêchera pas d'apprendre à saluer avec élégance et à serrer la main avec grâce.

Pleine d'affabilité et de délicatesse, cette femme-là a des égards pour tout le monde, sans tomber jamais dans la familiarité vulgaire.

En omnibus, elle ne manque pas de remercier d'un mot et d'un sourire l'homme qui, la voyant debout, se lève et lui cède sa place. Mais si les représentants du sexe fort installés avant elle ne paraissent pas disposés à lui offrir de s'asseoir, elle ne prend pas un air furieux, outragé, provocant en les regardant les uns après les autres.

Elle peut penser, *in petto,* qu'ils manquent de courtoisie, elle ne manifeste pas sa pensée par l'expression de son visage. Elle respecte le droit qu'ils ont acquis en se présentant les premiers, comme elle montrerait de la reconnaissance si ce droit lui était sacrifié.

Quand elle a affaire dans un bureau, cette femme parle avec douceur et bienveillance aux employés, si infimes qu'ils puissent être, si subalternes qu'ils puissent être.

Elle n'entre pas dans les magasins avec l'intention de ne rien acheter, « pour se distraire ». D'abord elle choisit des distractions plus intelligentes ; puis surtout, elle se ferait scrupule de déranger et de fatiguer les commis inutilement. Il ne lui arrive pas davantage de brutaliser les autres clientes pour se faire faire place, pour se précipiter sur les marchandises qui lui plaisent et les arracher parfois (je l'ai vu !) des mains des femmes qui les avaient choisies avant elle.

Animée de ces sentiments, une femme ne sortira pas d'un magasin sans remercier ni saluer la personne qu'elle aura « occupée ». Et pendant qu'on la sert, qu'on s'empresse autour d'elle, si elle trouve l'occasion de dire un mot agréable ou intéressant, elle sera trop heureuse de jeter ce rayon dans la sombre et fatigante journée de ceux qui peinent pour gagner leur pain.

Toutes les fois qu'on peut donner une marque de sympathie humaine à son semblable, il n'en faut pas négliger l'occasion. Il est des âmes si tristes, si malheureuses qu'un doux sourire, une bonne parole sont comptés par elles comme un bonheur. Et nous refuserions cette aumône du cœur, qui n'entame pas plus notre dignité féminine que l'aumône en espèces sonnantes n'entame véritablement notre fortune.

La gracieuse femme dont je parle rougirait de manquer à la politesse envers les plus humbles, vous l'entendrez donner ses instructions sans aucune morgue, avec un ton de bonté à ses domestiques, à ceux de ses amis, aux cochers de fiacre, aux garçons de magasin et de restaurant. Elle remercie toujours lorsqu'on lui présente ou tend un objet.

La rudesse, la dureté, l'insolente indifférence sont autant d'infractions au devoir social... fraternel, que nous devons remplir envers tous : humbles ou puissants, heureux ou malheureux.

La discrétion.

Il y a des gens qui semblent, en vérité, ne pas se douter qu'ils commettent une mauvaise action, une trahison, en répétant à quelqu'un les choses désagréables qu'ils ont entendu dire contre lui et, surtout, lorsqu'ils nomment la personne qui a eu l'imprudence de parler ainsi devant eux, ou qui leur avait fait l'honneur — qu'ils ne méritaient pas — de les prendre pour confidents.

Toutes sortes de raisons commandaient le silence en ces circonstances : Au point de vue personnel, — que tant de gens envisagent seulement, — le désir de ne pas passer aux yeux des autres pour un être léger, si ce n'est déloyal et même perfide ; puis la crainte d'affliger celui dont on avait parlé en termes sévères, méchants ou moqueurs ; enfin l'appréhension de faire naître un conflit, une haine entre celui qui s'est épanché sans défiance et celui sur le compte duquel on s'est exprimé sans ménagements.

Les personnes bien élevées jugent rigoureusement ceux qui assument le rôle méprisable de *rapporteur*, comme disent les enfants.

On peut répéter, on doit quelquefois répéter, une louange, un compliment, un éloge, une appréciation agréable, à celui qui en est l'objet, lui nommant l'auteur ; mais il faut se garder de *rapporter* une insulte, un outrage ou simplement une moquerie. Un peu de charité pour autrui enseigne cette discrétion, cette réserve ; ceux qui se piquent simplement de véritable élégance agissent avec la même circonspection, par égard pour leur propre dignité.

Il arrive parfois qu'on soit obligé d'instruire la personne incriminée de ce qui a été dit contre elle afin qu'elle puisse se défendre. On tâche toujours de ne pas lui dévoiler le nom de l'imprudent ou du méchant qui a parlé. Si on peut, à son insu, la défendre suffisamment on lui laisse ignorer et le service qu'on lui a rendu et l'offense qu'un autre lui avait faite.

On ne doit pas répéter davantage ce qui concerne les indifférents.

L'antiquité connaissait ces délicatesses de conscience et de bon goût. La rose était, chez les Grecs, l'emblème de la fidélité à garder un secret, ou du secret lui-même. On disait que la rose avait été donnée par Cupidon à Harpocrate, dieu du Silence, pour le corrompre.

C'était leur coutume de suspendre cette fleur au-dessus de la table où l'on mangeait, pour indiquer aux convives que les conversations tenues là ne devaient pas être répétées au dehors. A leur exemple, les Romains et les peuples septentrionaux attachaient une rose au plafond de la salle d'assemblée, quand on devait garder secret ce qu'on y délibérait. D'où le dicton : « Sous la rose ». C'est cet usage qui inspirait nos aïeux, au XVIe siècle, lorsqu'ils plaçaient une rose au-dessus du confessionnal.

Le dénigrement.

Dans une querelle, quand deux hommes en viennent aux mains, ils échangent des coups d'épée... ou de poing. Les femmes, elles, — oui, il y en a qui perdent la mesure et la douceur qui doivent distinguer leur sexe —, les femmes donc se servent de leurs ongles pour égratigner, déchirer leur adversaire... ou leur victime. C'est ainsi que les femmes de la Thrace mirent Orphée en pièces.

Quand les choses se bornent aux paroles prononcées ou écrites, la femme — la femme vulgaire s'entend, car la vraie femme est au-dessus de pareilles petitesses, — dénigre la beauté, l'esprit, voire le savoir-vivre de sa rivale (la jalousie étant tout le fond des inimitiés féminines), quand elle ne peut déchirer sa réputation, insulter son caractère. Elle essaie de la tuer (au figuré) par le ridicule. Elle la retourne en tous sens, pour découvrir ses points faibles. Qui est parfait? Il n'est pas de beauté impeccable, d'esprit qui n'ait ses défaillances, de caractère qui soit sans défaut. C'est la condition de l'infirmité humaine.

Alors, la femme envieuse ou vindicative expose à la lumière crue l'imperfection physique, intellectuelle ou morale de celle ou de celui qu'elle hait. Que de fois n'avons-nous pas entendu insister cruellement sur la grandeur de la bouche, par exemple, ou sur le manque de fraîcheur d'une ennemie.

— Ce n'est pas une bouche, c'est un four. — Ces yeux-là ! ce sont deux pruneaux noirs dans une omelette ! (allusion au teint jaune).

Mais nous expliquerons mieux ces procédés vilains de dénigrement par une petite historiette : La fille d'un riche raffineur venait d'épouser un gentilhomme de grande maison et, comme la nouvelle mariée était jolie, spirituelle, élégante à miracle, elle écrasa de sa supériorité native beaucoup de femmes de l'aristocratie. Ce furent celles-là qui, s'en allant de salon en salon et parlant de ce récent mariage, parodièrent un mot célèbre :

« On ne fume plus ses terres, on les sucre. »

Les gens bien nés, — j'entends les gens doués d'un noble caractère, — ne sont jamais dénigrants ; les gens vraiment bien élevés non plus. Ils se laissent parfois emporter par une indignation généreuse, par une juste colère devant certaines injustices, certains mensonges, certaines noirceurs ; ils se défendent quand on attaque leur honneur, mais jamais à l'aide de cette arme-là, qui est l'arme des faibles. C'est trop sot, c'est trop petit, *cela ne se fait pas, n'est pas reçu.*

Amenés à relever certains torts, ils disent simplement ce qu'ils ont à dire ; ils se contentent de blâmer la faute commise, ils n'ont pas à ajouter : « Et avec cela vous louchez », ou : « Vous ne savez pas parler français », ou : « Vous êtes un cuistre. »

Une *vraie* femme, éclipsée dans les salons par une nouvelle venue plus belle, plus attirante, prendra son parti noblement de ne plus occuper la première place. A ceux qui lui diront : « Mme Z. a les plus belles épaules du monde », elle ne répondra pas : « Oui, mais voyez donc comme sa main est grande. » Tout de suite elle dévoilerait le fond de sa pensée. L'éducation, à défaut de la grandeur d'âme, lui fera reconnaître les qualités de sa rivale et elle se taira sur ses défauts. Elle méritera l'estime et on ne dira pas d'elle, c'est une envieuse.

Est-il rien qui soit plus mesquin que de détailler la toilette d'une femme détestée ou jalousée pour la dénigrer sur tous les points ? « La soie de sa robe est bien légère » ; « ses dentelles doivent être des imitations » ; « ses bijoux sont trop beaux pour ne pas être faux », etc., etc. ; et l'on appuie sur ces misères, quand on ne peut trouver autre chose, voulant au moins faire savoir que la robe pleine de goût et si seyante de la rivale n'a aucune valeur intrinsèque.

Je trouve vraiment à plaindre les gens dont le

regard perçant découvre toutes les petites laideurs, toutes les légères imperfections des êtres et des choses. Ces laideurs, ces imperfections, fondues dans le charme ou la beauté de l'ensemble, restaient inaperçues des yeux ordinaires ; mais, au moins, les personnes douées ou affligées, si vous voulez, de cette courte vue, pratiquaient cette maxime de Phidias, qui s'y connaissait : « Le vrai beau saisit par l'ensemble ».

Et n'est-on pas plus heureux de voir les choses en beau qu'en laid ? Sûrement l'optimisme quand même a ses dangers, mais avez-vous vu jamais qu'un pessimisme outré donnât naissance aux grandes choses, aux belles choses ?

Il y a des gens qui naissent avec un esprit porté vers la critique ; il faut de ces esprits, à la condition que la critique soit saine, franche, élevée. Toute autre est la disposition au dénigrement, autrement dit, au rapetissement.

Les personnes qui appartiennent à ce qu'on nomme le vrai monde répriment de leur mieux, en elles, ce défaut qui les rendrait odieuses et les ferait redouter dans les salons. Elles ne font exception à cette règle de bonne compagnie que lorsqu'il s'agit du parti politique contraire. En quoi elles ont encore mille fois tort, bien qu'elles n'apportent pas, dans cette sorte de dénigrement, l'âpreté qui est le fait des gens moins rompus à l'hypocrisie mondaine. Ce dénigrement a des formes, pour tout dire, toutefois la réserve de la parole ne voile pas suffisamment la pensée haineuse.

Mais il est si doux de déclarer incapables, ineptes, coupables, ceux qui ne pensent pas comme nous. On prétend ainsi montrer sa supériorité; la vanité humaine fait le fond de tous les travers comme de tous les défauts. Le dénigrement a pour objet soit de rapetisser les gens pour ne pas être dépassés par eux, soit de faire preuve de pénétration et de jugement. Vous voyez bien que c'est toujours à l'orgueil et à l'envie qu'il faut s'en prendre.

Je vous en prie, remarquez bien que les hautes intelligences, ou les caractères élevés, ou les gens qui ont reçu une éducation parfaite, inclinent toujours à l'indulgence, ne font jamais de remarques désobligeantes. Les petits esprits, les caractères mesquins, les personnes mal élevées disent : « Ils n'ont aucune finesse, ils ne s'aperçoivent de rien. »

Bien moins qu'aux seconds, les choses ne leur échappent pourtant ; ils voient toutes les misères humaines, tous les ridicules, toutes les imperfections, mais ils ne comprennent pas la nécessité d'attirer l'attention des autres sur des laideurs ou des défauts qui ne peuvent disparaître que par de longs siècles de culture, et que l'attaque et la critique méchantes ne réformeront pas.

Du reste, le dénigrement ne porte jamais sur les choses sérieuses, ce qui fait toucher du doigt la bassesse de son origine.

Si on parle devant elle des superbes bijoux d'une jeune mariée, une envieuse ne fait pas chorus, mais elle riposte immédiatement : « Elle ne devrait pas porter ses diamants avec une robe aussi simple. » — Vous lui montrez un appartement renouvelé, elle ne vous complimentera pas sur les changements accomplis, sur le goût de l'ameublement ; elle ira droit aux inconvénients, aux défectuosités inévitables. « Cette tenture assombrit, cette nuance ne sera pas solide, etc., etc. »

S'extasie-t-on, en présence des dénigrants, sur un talent littéraire, musical ou tout autre ? Ils chercheront et ils trouveront une critique quelconque, oh ! toute petite souvent, mais qui jettera une douche sur votre enthousiasme. Ah ! ils ne veulent pas « se laisser emballer, eux ! » ils ne perdent pas leur sang-froid et ils voient toujours la petite bête. Eh bien ! je le leur dirai, ils sont souverainement déplaisants — et en conséquence manquent de grâce — qu'ils soufflent sur de naïves illusions ou qu'ils appuient sur des laideurs dont on détournait les yeux.

Les cancans.

Une personne bien élevée, éprise d'élégance morale, — à défaut de bonté et de noblesse d'âme — ne fait jamais un cancan, n'en colporte aucun, ne veut même pas en recevoir l'écho, — ce cancan fût-il du genre anodin.

Elle laisse aux êtres vulgaires les commérages, les bavardages, les affreux potins. Elle sait bien que le plaisir qu'on prend à faire de vilaines suppositions ou à les répandre, dénote la petitesse, l'étroitesse du caractère, la défectuosité de l'éducation reçue.

Un esprit de haut vol ne voudra jamais perdre son temps à faire ou à écouter des conjectures sur les actes petits ou grands du prochain. Une personne prudente se garde de formuler ou d'accepter une opinion sur des faits dont les mobiles et les circonstances lui sont inconnus.

Ce besoin de pénétrer et d'expliquer la conduite des autres, de commenter ses moindres gestes et démarches, ne va pas sans dommage pour ceux qui sont victimes de cette attention malicieuse ou malveillante. Si, encore, on gardait pour soi toutes ces hypothèses que la conduite plus ou moins expliquée des autres fait naître dans un cerveau inoccupé, le mal ne serait pas bien grand ; mais le bonheur, c'est de communiquer ses soupçons, de faire part des inductions qu'on a tirées de telle ou telle façon d'agir.

Je ne parlerai pas, à l'occasion des cancans, des résultats que ces interprétations fausses ou vraies peuvent avoir, lorsque celui qui s'y plaît est animé par la rancune, la jalousie ou tout autre mauvais sentiment.

Mais je dirai que s'il reste un peu de bonté au fond du cœur de ceux qui parlent si légèrement et si sottement de leurs semblables ; s'ils veulent descendre dans leur souvenir et se rappeler qu'ils ont fait, une fois au moins, un tort quelconque à quelqu'un, par une parole inconsidérée et dénuée de tout esprit de charité, ils prendront l'habitude de réfléchir avant d'émettre un doute injurieux sur autrui.

S'en sans rendre bien compte toujours — il faut le dire — on donne un « coup de langue » à une femme, on fait prendre une mauvaise opinion d'un homme pour n'avoir pas su refréner l'envie d'expliquer à son point de vue, peu généreux, la manière de vivre de cet homme et de cette femme.

Le proverbe est faux, qui dit que les paroles s'envolent, c'est-à-dire n'ont pas d'importance.

Cela dépend des lieux où on les prononce, des oreilles dans lesquelles elles tombent, cela dépend de la nature de ces paroles.

Occupons-nous donc plutôt de nos propres affaires, nos intérêts y gagneront. N'incriminons pas les actions de nos voisins, nous n'aurons pas le remords de les avoir jugés faussement et d'avoir porté ce jugement erroné dans d'autres esprits.

Enfin, prenons garde que les gens d'une nature élevée qui nous entendraient tenir ces conversations alimentées par des racontars, des caquets absurdes, des appréciations idiotes ou méchantes, ne nous jugent dépourvus de tout bon sens, de toute bonté, de toute sympathie humaine.

La calomnie.

Les petites médisances, les sots cancans peuvent déjà faire beaucoup de mal, sans qu'on ait eu même l'intention d'être nuisible. Mais que dire des gens qui sciemment, volontairement, présentent la conduite de leurs semblables sous un jour qu'ils savent être absolument faux, dans le but de lui causer un préjudice plus ou moins considérable?

Les lois du savoir-vivre, c'est-à-dire de la bienveillance envers son semblable, celles de l'honneur, c'est-à-dire de la dignité personnelle, marquent au front, d'un fer rouge, les calomniateurs, que les lois civiles ne peuvent toujours atteindre.

Les honnêtes gens mettent à l'index, en quarantaine, hors de *leur monde,* l'homme qui s'est rendu coupable du crime de calomnie.

C'est un *vilain,* fût-il prince, dans toute l'acception véritable du mot, et les gentlemen — ceux-ci sont les hommes incapables d'une mauvaise action et on les rencontre dans toutes les classes de la société —, les gentlemen le méprisent comme il le mérite.

« Calomniez, calomniez, dit l'indigne Basile, il en reste toujours quelque chose. »

Oui, il en reste toujours quelque chose, parce que la société est très variée. Les uns, qui ne sont pas absolument méchants, mais qui ont un fond d'esprit malicieux, accueillent volontiers certaines calomnies, disant :

« Eh ! eh ! il n'y a pas de fumée sans feu ! »

D'autres, d'un caractère chagrin, douteront. « Cela est peut-être vrai ». Enfin il y a les gens mauvais, qui acceptent avec une joie féroce tout ce qui peut rapetisser l'humanité.

Seuls, les plus dignes, les meilleurs, repoussent toute accusation qui n'est pas prouvée. Mais, hélas ! ils ne forment encore que le petit nombre.

C'est parce que les penseurs d'élite connaissent bien l'homme ondoyant et divers, qu'en édictant les règles du savoir-vivre — ou de la charité —, ils ont sévèrement condamné celui qui calomnie.

Un bruit calomniateur, — rien qu'un murmure, — peut faire perdre à celui qui en est l'objet la fortune, la considération, l'honneur ; ce bruit peut briser une vie, un bonheur. Si c'est une femme qu'on attaque, plusieurs êtres sont toujours atteints avec elle.

Liguons-nous donc pour repousser la calomnie, au lieu d'y prêter l'oreille avec complaisance, comme on le fait trop souvent, et alors même qu'il s'agirait de notre ennemi personnel. Les cœurs bas devraient être les seuls à se repaître de ces infamies.

On me disait : « L'autre jour, j'ai rencontré une malheureuse femme qui a été indignement calomniée, souillée et qui se meurt de cet outrage. Il y a, derrière elle, un enfant, un mari qui ne peuvent demander raison au calomniateur, parce que ce calomniateur appartient au sexe qu'on ne soufflette pas, avec lequel on ne croise pas l'épée. »

Une femme qui se réfugie derrière sa faiblesse pour en tuer une autre est un être vil et dégradé. Mais ceux qui ont accueilli son mensonge et l'ont répandu, qui ont ainsi appelé un mépris injuste sur la tête d'une infortunée, ceux-là, vous me l'accorderez, sont les complices odieux de la coupable.

Un être vraiment noble ne colporte même pas les actions mauvaises dont il est sûr, qu'il a vues, qu'il a touchées du doigt. Il les ensevelit dans l'oubli, sachant bien — avec Voltaire — que « le mal qu'on dit des autres ne produit que du mal » ; que porter les vilenies d'un homme à la connaissance d'un autre homme, c'est retarder le progrès humain : plus nous croyons au bien, plus près du bien nous sommes.

Aussi l'homme de cœur n'interprète-t-il jamais défavorablement la conduite des autres ; il ne fait pas des suppositions injurieuses, pas même malveillantes. Il rougirait de prêter aux autres des sentiments indignes, car c'est une déchéance morale de conjecturer le mal.

Rien, en effet, n'indique mieux ce qui reste encore de perversité, de méchanceté au fond du cœur humain, que ce besoin de salir son semblable en le jugeant capable d'une action mauvaise... honteuse... déshonorante.

Il semble qu'on veuille le rabaisser ainsi, parce qu'on était fatigué de l'entendre appeler, ou parce qu'on l'appelait soi-même le *Juste* depuis trop longtemps. Et d'où vient cette fatigue ? On le sait bien.

Soyons en garde contre les pensées malsaines,

qui peuvent monter à notre cerveau ; chassons-les, en nous indignant contre nous-mêmes, car elles sont un signe de gangrène morale. — Il est certain que nous souillons notre esprit en imaginant le mal chez les autres.

Voilà pourquoi, en dehors du précepte d'indulgence et de charité, le savoir-vivre défend de juger son semblable ; c'est aussi par égard pour soi-même.

Et puis que savons-nous ? Avons-nous le pouvoir de lire sous les fronts, dans les cœurs ? de pénétrer les intentions ?

J'ai souvent entendu interpréter les actions les plus simples ou les plus naturelles d'une façon si révoltante, si inique, que cela m'aurait guérie de supposer le mal chez les autres, les apparences fussent-elles contre eux. Et on n'a même pas besoin d'apparences, le plus souvent.

Le rire.

On a bien des fois déjà fait le procès du rire.

Il est certain que le rire enlaidit le visage humain ; il est certain que le rire qui naît de la vue du ridicule est cruel ; il est certain qu'il est bruyant, — ce qui est une faute contre le goût, — qu'il est souvent l'expression d'un mauvais sentiment :

moquerie, raillerie ; à ce compte, il est répréhensible.

Mais nous voulons continuer à entendre ce rire charmant de l'enfance, ce rire délicieux de la jeunesse, qu'un rien excite, que tout prolonge, qui ne prend pas sa source dans ce sens critique un peu trop répandu en notre France, peut-être.

Le large rire gaulois, le fameux rire homérique, ce rire des Olympiens qui faisait trembler l'éther, seraient donc, tous les deux, condamnables ? Je ne veux pas me prononcer, je n'ai pas autorité suffisante pour cela. Mais il se peut que nous soyons arrivés à une époque trop grave de l'humanité pour rire ainsi de tout, et l'altruisme, sentiment qui grandit, nous impose le devoir de ne pas rire des singularités grotesques que peut étaler notre semblable au physique ou au moral, mais bien plutôt de le plaindre ou de fermer les yeux sur ses défectuosités.

Je parlerai seulement du rire au point de vue de la grâce, de la grâce féminine surtout.

La femme doit sourire et non pas rire : le sourire est un de ses plus grands charmes ; même chez la plus jolie, le rire ne peut être qu'une convulsion ou une grimace.

La nature de la femme est ou devrait être toute tendresse et douceur, sa bonté s'exprime dans le divin sourire. Le rire part d'un coin peu bienveillant de l'âme pour venir faire explosion sur nos lèvres. Il est, assure-t-on, des ridicules et des laideurs qu'il faut châtier ou corriger par le rire ; il est, dit-on, des choses dont il faut rire de peur d'en pleurer. Soit. Mais ce n'est assurément pas métier de femme.

On ne voit pas bien une femme flagellant les humains à coups d'éclats de rire comme Molière, eût-elle son génie. Elle ne serait plus femme, elle contreviendrait aux volontés providentielles.

Il ne faut pas que la femme raille l'humanité, ni signale ses défaillances, elle qui doit idéaliser toutes choses, orienter l'homme vers la foi, elle qui doit cultiver les nobles enthousiasmes en elle-même et en ses enfants, qui doit montrer le beau côté de la vie et de l'homme, pour lutter contre le découragement qui s'empare si facilement de nous.

Il est si vrai que la nature de la femme est opposée au rire, qu'au théâtre vous voyez une bonne actrice contre cent bons acteurs comiques. Très peu de rôles de femmes — je parle des classiques — sont comiques. Les grands auteurs savent qu'elles y seraient insuffisantes, si ce n'est même incapables.

Je ne peux accepter qu'en famille ou dans le monde, pour amuser les gens ou satisfaire leur malignité, les femmes imitant les ridicules des autres par moquerie, pour les caricaturer. A contrefaire, pour les rendre sensibles, les laideurs et les sottises, on garde sur le visage une grimace, sur l'âme un pli. Cela n'est pas admissible chez la femme : il lui faut préserver intégralement sa beauté intérieure et extérieure.

Dans les écoles de beauté de New-York, on enseigne le *rire musical*. On essaie de remplacer le dur ricanement qui caractérise les femmes américaines par un rire mélodieux.

Il serait beaucoup plus simple de se borner à leur répéter que la femme est née pour le sourire et non pour le rire.

Et pour les déshabituer radicalement du rire, comme les Européennes, d'ailleurs, il suffirait de leur faire remarquer la laideur qu'il communique au visage le plus beau, l'air vulgaire dont il empreint les traits les plus purs.

On ne songe pas assez à tous les inconvénients du rire. Une femme qui a de vilaines dents porte la main au-devant de sa bouche quand elle rit. Si la main est belle, passe encore, mais si elle ne l'est pas ?...

L'Impératrice Joséphine, qui avait des dents très défectueuses, avait inventé la mode des élégants mouchoirs qu'on tenait à la main. Venait-elle à rire, elle couvrait sa bouche au moyen du petit carré de baptiste et de dentelle. Il aurait mieux valu s'accoutumer à ne pas rire, ce qui va bien, du reste, aux lèvres de ceux qui ont dépassé la jeunesse. On sait trop que ce n'est plus que la vue du ridicule qui puisse exciter le rire chez les gens déjà éprouvés par le sérieux et les sévérités de la vie.

Une vraie femme regrette que l'humanité ait des imperfections, elle ne fait pas remarquer les défectuosités affligeantes et qui ne devraient pas exciter le terrible rire, si nous n'étions bien aises de la supériorité que les travers des autres nous donnent sur eux. Animés de sentiments plus fraternels, non seulement nous ne répéterions ni ne parodierions, mais nous ensevelirions dans l'oubli les mots bêtes ou inconvenants que nous entendons, les gestes absurdes, les stupides expressions de visage que nous apercevons. Et alors notre esprit resterait plus élevé, les lignes de notre visage conserveraient mieux leur noblesse, et nous garderions plus intacte notre individualité.

Le ridicule et la moquerie.

Il faut craindre le ridicule. Un saint lui-même ne s'expose pas, par mortification, aux moqueries de ses semblables ; personne ne doit s'offrir en victime aux railleurs.

On voit souvent, dans le monde, des amateurs éclatants de santé, qui jouent des rôles élégiaques, qui roucoulent des romances plaintives. L'opposition est très comique et lorsque les auditeurs viennent à penser au gros jeune homme qui tenait le rôle d'un phtisique éploré, à la lourde dame qui chantait des choses sentimentales, un sourire involontaire monte aux lèvres des meilleurs.

Mais celui qui va exprimer tout haut des railleries au sujet du contraste risible, remarqué par tous *in petto* et même sans intention moqueuse, — c'est le petit homme qui joue de l'ophicléide et qui chante d'une voix profonde et caverneuse.

Les personnes bienveillantes, pas plus que les personnes malveillantes, ne peuvent s'empêcher de voir les ridicules. Mais ni elles, ni les gens prudents ne sont jamais tentés de se moquer de ceux qui prêtent le flanc à la raillerie.

Les premières savent que la moquerie fait des blessures très douloureuses et, avant tout, elles redoutent de faire souffrir.

Les gens prudents n'ignorent pas que celui dont on a blessé l'amour-propre, garde du procédé une certaine rancune, fût-il bon ; et ils jugent qu'il faut toujours craindre de s'exposer inutilement à un ressentiment.

Les personnes intelligentes se font remarquer par une indulgence à laquelle la modestie n'est pas étrangère. Elles savent que la nature humaine est très imparfaite et qu'elles ne sont pas exemptes de l'un ou de l'autre des défauts qui les frappent chez leurs congénères. En conséquence, pour qu'il leur soit un peu pardonné, elles excusent beaucoup.

Les êtres beaux et bons, gracieux, charmants, ne sont non plus du tout enclins à la moquerie : ils n'ont pas à se venger sur d'autres de la parcimonie de la nature à leur égard.

Le développement du sens critique, — ce sens chacun de nous le possède plus ou moins, il est donc inutile de parler des travers et des défauts physiques du prochain, tout le monde les remarque, sans qu'il soit besoin d'éveiller l'attention, — le développement de ce sens n'est pas un don absolument enviable, car il ne permet à aucune laideur de nous échapper, — et il assombrit la vie, à moins qu'on n'ait une vilaine disposition à trouver du bonheur dans le rabaissement de l'humanité.

Cette faculté n'est pas une preuve d'intelligence transcendante non plus. Un rustre et un homme de valeur s'apercevront en même temps que la femme à laquelle ils parlent louche. Mais le second regardera-t-il avec obstination ces yeux imparfaits ? Dira-t-il de façon à être entendu ou non : « L'un de ses yeux regarde Chartres et l'autre Melun », ou seulement : « Elle a des yeux à la Montmorency » ? Non, du tout. Il aura l'air de ne pas remarquer la défectuosité dont la dame est affligée, et hors de la présence de cette dame il n'en parlera pas davantage, en se moquant du moins. Il agit de la sorte poussé par l'un ou l'autre des mobiles suivants, par tous peut-être : pour ne pas humilier, faire de la peine ; pour ne pas se créer une ennemie ou perdre une sympathie, par esprit philosophique, se disant que, s'il avait été au pouvoir de la pauvre dame d'avoir un regard droit, elle ne loucherait certainement pas.

La personne moins raffinée qui a remarqué ces yeux de travers, en même temps que l'homme intelligent, voudra montrer que rien ne lui échappe et fera des gorges chaudes de cette disgrâce physique, qui rend déjà si malheureuse celle à qui la nature l'a infligée.

On peut aussi faire une observation, c'est que ce font les gens les moins doués et les plus ridicules qui se moquent le plus volontiers et le plus ouvertement des autres. Ils en agissent ainsi par ignorance d'eux-mêmes, ou pour rapetisser autrui à leur niveau.

Mais, de ce que les moqueurs soient à blâmer et très sévèrement, il ne faut pas inférer qu'on peut étaler librement laideurs, travers et ridicules qui se peuvent corriger.

Ceux qui nous élèvent doivent appeler notre attention sur toutes les choses qui sont à réformer en nous, il y a toujours un travail possible d'atténuation, si ce n'est d'extirpation. Aux éducateurs donc de nous avertir, dès qu'ils voient poindre un ridicule en nous, afin que nous nous en débarrassions immédiatement et qu'il ne puisse donner barre sur nous aux sots, aux méchants, afin aussi qu'il ne nous rende pas désagréables à notre entourage.

Il n'y a qu'à recommander beaucoup de tact, de douceur et de bonté à ceux qui sont dans l'obligation d'indiquer le ridicule ou le travers qui défigure la personne ou le caractère de l'enfant dont ils ont charge.

Il faut faire attention à ces petites choses, afin de ne pas provoquer les moqueries. — Un jour, à une exposition, je crois, j'ai entendu une brave paysanne qui venait de lire sur une étiquette : *Cristaux de Bohême*, rectifier poliment, pour son mari qui ne connaissait pas l'alphabet : « Ce sont des cristaux de M. Bohême. »

Je me gardai bien de rire et je lui expliquai tout doucement que les cristaux portaient, non pas le nom d'un homme, mais celui du pays où on les fabriquait. Et cette paysanne, *naturellement* bien élevée, me remercia beaucoup, et n'oublia jamais, j'en suis certaine, la petite leçon géographico-industrielle que je lui avais donnée, avec tous les ménagements possibles pour son amour-propre.

Mais comme il y a trop de mauvais plaisants qui préfèrent s'amuser aux dépens des gens, lorsqu'on n'est pas sûr de soi, il faut avoir la vanité bien placée de s'observer, de se contenir, de ne pas parler à la légère des choses que l'on ne connaît pas à fond.

J'ai connu un officier de fortune qui ignorait les usages mondains et bien des choses sérieuses ; il entreprit de se refaire une instruction étendue et une éducation parfaite. Il y réussit. Il avait un talent extraordinaire pour se faire expliquer, éclaircir les choses qu'il ne savait ou ne comprenait pas. Et on ne se douta jamais qu'on professait pour lui ; on le tenait pour un homme du monde et pour un savant.

L'AGE MUR

L'âge mûr.

On peut le diviser en trois parties. En la première, la femme est encore assez près de ses derniers étés, pour rester colorée du reflet de la triomphante jeunesse.

Mais la deuxième période pourrait être appelée le second âge ingrat. On recommence ce laid moment où, n'étant plus une enfant, on n'était pas encore une jeune fille : Plus jeune, pas encore vieille.

C'est l'instant de la vie où la femme est la moins séduisante, la moins agréable, car elle s'effare, elle est éperdue, voyant bien que sa beauté fait naufrage, pensant avoir tout perdu avec la jeunesse, envisageant avec terreur ce tournant de l'existence où elle est arrivée.

Et, en effet, elle change parfois à tel point et si rapidement, qu'il est difficile de la reconnaître...

Mais c'est parce qu'elle se décourage, s'abandonne, perd le désir de plaire, ne croyant plus à son pouvoir.

Alors, vous la voyez sécher invraisemblablement ou s'alourdir dans un embonpoint qui la défigure. Ses traits durcissent ou s'empâtent ; dans l'un ou l'autre cas, elle prend un air hommasse.

Elle se virilise, ne veillant plus sur la grâce de son geste, qui devient brusque ou autoritaire ; sur son maintien que transforme l'affaissement ou la rigidité du corps ; sur sa voix qui grossit et tombe dans les notes graves.

Le changement moral qui s'opère en elle n'est pas moins déplorable. Parfois, n'espérant plus de succès de beauté, elle entend profiter du bénéfice de la situation : elle ne veut plus se gêner pour plaire. Elle s'assoupit ou tourne à l'aigre, c'est alors un être acariâtre ou bougon, ou tâtillon. Il faut bien qu'elle fasse souffrir pour se dédommager — croit-elle — de ce qu'elle a souffert pour en arriver là. Elle ne s'intéresse plus aux belles, aux nobles choses de l'esprit ; elle s'enlise dans la matière, cultive les vices de paresse et de gourmandise, ou se passionne pour les vilaines questions de lucre, d'intérêt, d'ambition ; ou encore elle jalouse les personnes jeunes, leur est contraire et se consume dans des regrets inutiles. Presque toujours, elle échange cette timidité de femme, qui était en elle un grand attrait pour l'homme, contre une certaine hardiesse, une assurance déplaisante, qui achève de la masculiniser.

Mais si elle résiste, si elle lutte, si elle veut rester femme, c'est-à-dire pleine de cœur, cherchant à épurer toujours plus son âme et son esprit, on s'apercevra peu de la transition qu'elle subit, si pénible que puisse être pour elle cette transition. Mais c'est à condition qu'elle aimera la jeunesse chez les autres et se résignera à ne l'avoir plus.

Alors, elle atteindra la troisième période de l'âge mûr ayant reconquis tout son charme, pour avoir fait descendre en elle paix, calme et sérénité. Ses traits auront revêtu une nouvelle beauté, une beauté toute morale.

On l'aimera de nouveau, toujours, sans interruption, pour son esprit, son cœur, sa bonté, son expérience sans amertume.

Elle laissera les années la couronner d'une chevelure de neige ou d'argent. Ce n'est pas au moyen des fards et des teintures qu'elle réparera du temps l'outrage, mais elle soignera plus que jamais sa personne et, rejetant les ajustements trop juvéniles, elle mettra sa toilette en harmonie avec son nouvel aspect. Je vous jure qu'elle sera encore aimable, délicieuse et recherchée et qu'elle s'assurera une douce et agréable vieillesse.

La femme mariée.

Dans la classe pauvre, le travail, les fatigues, les privations vieillissent la femme avant l'âge.

Mais dans la classe moyenne, l'envieillissement prématuré n'est pas du tout indépendant de la volonté de la femme.

Si sa beauté et sa jeunesse passent rapidement, c'est que, tout de suite après le mariage, elle laisse faire au temps et à la matière. A quarante ans, elle est souvent tout à fait finie. D'où cela viendrait-il, si ce n'est d'une sorte de paresse qui lui fait négliger sa beauté, d'une inconscience qui lui fait manquer à ses obligations envers elle-même, envers le compagnon de sa vie, car pour lui surtout elle doit rester belle.

« Le manque de temps, les soucis, la maternité... » Voilà ce qu'elle allègue pour son excuse, mais ce n'en est pas une. Tout en se dévouant entièrement à ses enfants, on peut, sur les vingt-quatre heures de la journée, prélever quelques instants pour soi-même. C'est un devoir conjugal, maternel, social, de cultiver sa beauté, sa personne intellectuelle et morale. Nous le redirons pour la centième fois : la femme est, doit être l'idéal, pour ses enfants, la compagne attrayante pour son mari, le charme pour tous ceux qui l'entourent, la rencontrent même, et bien qu'elle ne doive le don de sa beauté qu'à un seul.

Sans aller dans le monde, on peut perdre très sottement ce temps, qui manque parce qu'il est mal employé : en bavardant longuement avec ses voisines ; en épuisant les commérages de la ville ou du quartier avec les amies ou les connaissances rencontrées dans les courses et les sorties ; en lisant des romans ineptes. Si on récapitulait toutes les minutes ainsi gaspillées, on verrait qu'on avait à sa disposition bien des heures dont on n'a pas su profiter.

Souvent le mari de cette femme de quarante ans, plus âgé qu'elle d'une dizaine ou d'une quinzaine d'années, ne paraît même pas être son aîné. C'est qu'il a été forcé, par la profession qu'il exerce, par les événements sociaux auxquels il est mêlé de prendre soin de sa personne, de sa tenue, c'est qu'il a été obligé de vivre au milieu du mouvement des idées et que son intelligence s'y est aiguisée.

Le résultat auquel l'homme est arrivé par nécessité, la femme ne doit pas moins le rechercher par amour pour les siens, par considération pour elle-même. N'est-ce pas dans cet abandon où elle laisse trop souvent ses meilleurs dons, qu'on pourrait trouver la cause de ces dissensions qui éclatent souvent dans les ménages à un certain moment? La femme ayant perdu le don de plaire, le mari ne trouve plus aucun attrait à son foyer et s'en éloigne.

Il faut réagir, dès qu'on s'aperçoit qu'on s'est « laissée aller ». Se laisser aller, c'est mépriser le soin de se faire aimer, c'est oublier le moyen de plaire, c'est ne plus se soucier d'être agréable. C'est ne penser qu'à son bien-être. C'est vouloir conquérir son franc-parler, ce qui ne va pas sans rudesse. C'est glisser sur la pente de la vulgarité, contenter ses goûts inélégants, devenir une « commère ».

Il faut *vouloir* être aimée jusqu'à la fin, plaire jusque dans l'extrême vieillesse, être agréable jusqu'à la mort. En conséquence, on ne cessera pas de s'affiner ; on méprisera noblement ses aises et le bien vivre, qui mettent en péril la beauté et la distinction ; on restera douce, tendre, fine, gracieuse, on s'élèvera toujours plus vers les choses du cœur et de l'intelligence.

Cela est à la portée de toutes les femmes.

La femme célibataire.

Il arrive un âge où la femme qui n'est pas mariée, doit abandonner — non pas les manières réservées, mais les façons ingénues qui plaisent chez les très jeunes filles et deviennent quelque peu ridicules lorsqu'on approche de la trentaine. A ce moment de la vie, qu'on soit célibataire ou en puissance de mari, on a acquis une certaine maturité d'esprit et de caractère, on a une connaissance de toutes choses, à moins que l'on ne soit une idiote, et il est tout à fait absurde et choquant de jouer à l'innocente de dix-huit ans.

A trente ans une demoiselle n'affecte pas, dans la conversation, une pruderie farouche, elle ne feint pas une ignorance absolue des choses de la nature et de la vie ; elle essaie de ne pas rougir à tout propos.

En un mot, elle se conduit comme une jeune femme aux sentiments délicats et honnêtes : elle ne provoque pas, elle n'encourage pas même certains sujets de causerie, mais si elle est forcée d'entendre des conversations qui, tout en n'offensant pas la morale, ne pourraient être tenues devant un fille de seize ans, elle n'exagérera pas le malaise qu'elle pourrait éprouver, elle ne fera pas preuve d'une pudibonderie beaucoup plus déplacée que l'impassibilité.

A trente-ans, il faut renoncer, sans retour, aux mines de fillette. Ces mines ne rajeunissent pas, au contraire. Si on veut prendre une certaine place dans le monde, en dépit de la qualification de fille mûre, il faut savoir se donner l'apparence d'une jeune femme. On n'en est pas moins chaste ni moins pure : voyez les religieuses donnant leurs soins à tous, dans les hôpitaux, dans les épidémies, elles ne font pas l'enfant, elles n'hésitent jamais ; y perdent-elles quelque chose de ce reflet que la vertu de renoncement met à leur front ?

Une demoiselle de trente ans doit encore essayer d'orner son esprit afin de ne pas occuper une position trop effacée dans le monde. Je ne lui conseillerai pas de lire des œuvres immorales, pas plus que je ne l'admets d'une femme mariée, eût-elle atteint la soixantaine, mais je lui dirai : « Faites donc des lectures intelligentes, abandonnez les fades petits romans écrits pour les petites filles. »

Élargissez le cercle de vos idées, lisez les grands romanciers honnêtes, leur œuvre contient beaucoup de philosophie sous une forme agréable ; lisez les poètes illustres : à votre âge, vous pouvez ouvrir Musset et Byron ; faites quelques incursions dans la science. Si vous occupez ainsi votre temps, il ne vous en restera pas pour cultiver les manies tant reprochées aux vieilles filles.

Veillez sur votre humeur, soyez agréable pour être entourée. Rendez-vous utile dans la mesure de vos moyens et tout le monde viendra à vous. Je ne vous empêche pas d'aimer un chat, un chien, un oiseau, l'amour des bêtes améliore l'homme; mais ne sacrifiez pas votre semblable à un animal.

Soyez coquette, c'est-à-dire soignez votre parure. Offrez à l'œil d'autrui un spectacle agréable. Ne vous éloignez pas systématiquement de l'élégance mais plus que tout, évitez des ajustements enfantins. La toilette ne vieillit pas, à notre époque; habillez-vous donc comme les jeunes femmes de votre âge.

Il est des demoiselles de trente ans et plus qui sont ridicules par la faute de leurs parents. Ceux-ci les tiennent en lisière comme si elles avaient quinze ans. Ils ne leur permettent pas de penser par elles-mêmes, de voir par leurs propres yeux, d'agir, de sentir. Ils leur imposent leurs goûts, leurs idées, ils leur refusent toute liberté, ils rétrécissent leur esprit en les maintenant dans une dépendance et une ignorance nuisibles.

Ces parents — souverainement despotes et égoïstes, sans le savoir quelquefois, — viennent-ils à disparaître, ils laissent en ce monde un pauvre être annihilé, incapable de se conduire lui-même, tout prêt à subir une autre tyrannie, profondément malheureux. Il fallait, au contraire, émanciper la fille non mariée, pour l'habituer à marcher seule, dans la vie, d'un pas sûr.

LA LAIDEUR
LE PORTRAIT

Les laides.

Il y a des laideurs qui s'ignorent et des gens peu doués qui sont beaucoup plus présomptueux que les personnes comblées de tous les dons.

Mais beaucoup de femmes laides sont trop convaincues de l'injustice de la nature à leur égard, et croient qu'il est inutile pour elles de lutter contre la mauvaise chance.

A celles-là qui s'abandonnent si complètement et tombent dans un découragement triste et doux, il faut rendre le grand service de leur signaler la moindre grâce qui est en elle. Étonnées, reconnaissantes, consolées, elles développeront cette grâce, qui jettera un reflet sur toute leur personne. Cette petite joie les ranimera, leur donnera un certain éclat. Cette beauté aperçue en fera naître une autre.

Chacun doit mettre en valeur la moindre attraction qu'il possède, mais il faut souvent que cette attraction lui soit indiquée, il ne la connaît pas toujours.

Si on n'a que de beaux cheveux, il faut les faire valoir, ne pas les dédaigner, les tordre, en dissimuler l'abondance... parce qu'on n'a que cela ! Une paire de beaux yeux, au milieu d'un visage irrégulier, avec un vilain teint, peut suffire pourtant à nous attirer la sympathie. Mais il faut qu'on nous le dise.

Une femme peu jolie, insignifiante, à laquelle on fait un compliment sur sa tournure, sa grâce ou sa taille, va embellir tout à coup. Sa joue s'animera, son œil brillera du plaisir de posséder en elle quelque chose qui attire l'attention, l'admiration ; c'est un bonheur pour elle de comprendre que sa disgrâce n'est pas complète.

Il est facile à tout le monde d'éveiller ainsi chez les femmes ordinaires un rayon de beauté qui existait à l'état latent. Un peu de bienveillance y suffit. Les êtres tendres et délicats se plaisent à provoquer ces transformations, qui paraissent extraordinaires à ceux qui ne sauraient se rendre compte de la portée d'une bonne parole.

A ces laides qui connaissent bien leurs défauts physiques, on pourrait rendre un peu d'espoir de plaire en leur répétant que tout visage peut devevenir attrayant par l'expression de bonté, d'intelligence et de sympathie ; qu'il peut même devenir beau, de la seule beauté morale.

Il faudrait leur citer les exemples de femmes sans beauté qui se sont fait aimer autant, plus que les belles, pour s'être montrées seulement bienveillantes, aimables, sans jamais se lasser, et sans tomber à être taxées de flagornerie, sans qu'on les traitât de « bénisseuses ».

Enfin, une femme laide peut acquérir des charmes physiques, il n'est pas au-dessus de son pouvoir d'avoir une jolie démarche ou une démarche pleine de dignité, selon ses proportions. Il dépend d'elle d'avoir les façons les plus gracieuses ou les plus nobles.

Nous lui dirons encore que la gaieté est un grand charme chez la femme. Quand cette gaieté est douce, sans trop grands éclats, — ce qui est bruyant fatigue, — elle est un rayon de soleil au foyer.

Puis, une femme laide doit orner son esprit et cultiver son intelligence. Les hommes de valeur la rechercheront, certains d'être compris, et surtout si elle se défend de toute pédanterie, si elle reste modeste, c'est-à-dire très femme.

Le portrait.

Les femmes des XVII° et XVIII° siècles semblent avoir compris qu'une mode abandonnée de la veille est une mode ridicule, même aux yeux de celles qui l'ont portée et l'ont trouvée jolie. Et cependant le style de la toilette de ces époques est assez artistique, en en retranchant quelques détails, pour nous paraître encore joli ou de grand air.

Je trouve pourtant qu'elles ont été bien avisées, ces aïeules, déjà lointaines, en se faisant peindre pour la postérité sous le costume antique ou mythologique, lequel ne vieillira pas et ne pourra jamais faire sourire. Tandis que les plus gracieuses femmes du XIX° siècle perdent la moitié de leur beauté et de leur charme sous les ajustements de 1820, 1830, 1840, 1850, etc... — la mode ayant une certaine homogénéité pendant une période qu'on évalue être de dix ans.

Reportez-vous aux portraits de nos grand'mères, grand'tantes, mères et tantes, les modes de la Restauration, de l'époque louis-philippienne du second Empire, — il en sera ainsi des nôtres, du reste, — les habillent d'une façon grotesque, les coiffures de ces époques les enlaidissent; elles devaient être cent fois mieux douées que les femmes de n'importe quel temps pour plaire sous de tels costumes. Et on pensera la même chose devant les portraits de leurs filles et nièces.

Donc, les grandes dames des xviie et xviiie siècles se faisaient représenter en Hébé, Junon, Diane, etc., selon leur type, avec les attributs de ces divinités. « La plus belle fille de France, » devenue Mme de Grignan, avait choisi le costume de la Madeleine.

Parfois cette bonne idée était exploitée par des gens qui la faisaient tourner au comique : cela arrive aux meilleures inventions. Un auteur du temps raconte que la maréchale de Noailles, qui était bien connue pour ses extravagances « avait fait peindre, par Boucher, dans un même tableau, tous ses petits-neveux en amours et complètement nus, ce qui va sans dire, avec des bandeaux, des flambeaux, des carquois, des ailes, enfin tout le surplus de leur attirail mythologique et de leurs affiquets érotiques, mais comme il n'aurait pas été bienséant de représenter des enfants de la maison de Noailles comme des amours du peuple ou des Cupidons bourgeois, on leur avait mis le *plastron de Malte* entre cuir et chair, afin de montrer qu'ils étaient nés Grand-Croix de l'Ordre. Un des Cupidons grands baillis portait même à la pointe de son *trait vainqueur* une banderole avec la devise latine S. E. R. T. (*leur valeur a sauvé Rhodes*). Enfin, au fond du tableau, on avait inscrit sur une exergue d'architecture, que la mère de ces amours était une *Vénus* et qu'elle était *la dernière de la maison d'Arpajon* ».

On riait à se tordre, à la cour, de cette belle imagination de la maréchale, qui n'en avait jamais, du reste de moindres, dont on attendait chaque jour une folie nouvelle.

Mais l'idée d'un portrait à l'antique n'en reste pas moins excellente. D'ailleurs, en ces derniers temps, nos peintres semblent avoir eu conscience du tort qu'ils se faisaient en peignant de jolies femmes sous des toilettes absurdes qui, le lendemain, paraissent surannées.

Ils conseillent à la plupart de celles qu'ils portraicturent d'adopter une robe d'une extrême simplicité de forme, et décolletée... si les épaules, le cou et les bras s'y prêtent. Ils veulent qu'elles *dérangent* quelque peu la coiffure en vogue, pour transformer l'encadrement exigé par le type du visage et la forme de la tête.

C'est déjà avoir beaucoup gagné sur les laideurs et enlaidissements ordinaires de la mode.

Les peintres devraient encore donner un autre avis aux femmes, — d'après la marquise de Blocqueville. « Ne vous faites pas portraicturer, dit cette grande dame artiste, à l'heure où vous n'êtes plus une femme (période du « certain âge ») et où vous n'êtes pas encore une vieille ».

Il faut encore les avertir, ne fût-ce que pour l'exécution de leur photographie, que le profil gauche est plus joli que le profil droit. Les lignes en sont plus adoucies. Dans le profil droit, dont les lignes sont plus dures, plus hardies, plus accentuées, le visage est vu beaucoup moins à son avantage.

TRAVAIL ET DÉLASSEMENT

Le travail.

« Le travail éloigne de nous trois grands maux, dit Candide, l'ennui, le vice et le besoin. »

Nous ne nous occuperons que de l'ennui. L'oisiveté complète l'engendre sûrement, comme la satiété des plaisirs.

Il faut donc travailler, travailler tour à tour des mains et du cerveau, et, ce, le plus utilement possible. Les penseurs généreux cherchent à assurer quelques heures de répit chaque jour à l'ouvrier, pour qu'il ait le loisir de cultiver son esprit; les médecins et les philosophes enjoignent à ceux dont le cerveau enfante et combine sans cesse d'exercer aussi leurs forces physiques. Ceux qui obéissent à cette sage prescription s'en trouvent bien : M. Gladstone faisant métier de bûcheron après celui d'homme d'État, le bûcheron qui, sa tâche terminée, ouvre un livre, pense et réfléchit sur sa lecture.

Il serait heureux que tout le monde comprît l'avantage de ce mélange dans le travail.

Les gens qui se retirent du monde ou quittent les affaires devraient tous se créer des occupations manuelles et intellectuelles pour ne pas devenir la proie d'un mortel ennui, leur vie manquant tout à coup de l'élément qui en faisait l'intérêt.

Toutes les mères raisonnables devraient élever leurs filles de telle sorte que celles-ci n'eussent aucun dédain pour les travaux à l'aiguille ni pour les soins du ménage — dits vulgaires, tandis que les goûts seuls sont vulgaires. Ainsi elles ne connaîtraient jamais le terrible état d'âme qui naît du désœuvrement.

Il sied à la femme de travailler à l'aiguille. Si elle est pauvre ou seulement dans une position médiocre, elle peut maintenir dans un état de décence qui sauvegarde sa dignité, la garde-robe de la famille et la sienne propre. Riche, il lui est permis d'employer son aiguille au service de l'art. Avec quelques brins de soie et de laine, elle crée les petits chefs-d'œuvre féminins, ceux qui ne sont pas du ressort de l'autre sexe. Si elle n'a pas de goûts artistiques, ou si elle manque de talent, d'adresse, tout en comprenant le beau, elle est toujours assez habile pour confectionner des vêtements aux malheureux.

Pendant qu'elle se livre à ce travail, auquel il semble si bien que la nature et l'ordre social l'aient assujettie, les heures s'envolent légères pour elle, parce qu'elle les emploie utilement et conformément aux lois harmoniques. Il va sans dire que, de ces heures, il en faut distraire au moins une pour la lecture, l'étude.

Mais la femme qui n'aime pas les travaux à l'aiguille n'est pas de son sexe. Et il se trouve, de ce mépris qu'elle en fait, qu'il lui reste des heures vides ou mal remplies dans sa journée. Elle sort trop, ou elle lit trop ; ou elle devient tâtillonne dans son ménage, harcèle, tourmente ses domestiques et son entourage ; ou, encore, elle se livre à une inquisition espionne de la vie de ses voisins.

Il en est qui s'imaginent de cultiver un art sans aucune aptitude. Elles se mettent à barbouiller de la toile ou à plaquer des accords tout le jour sur leur piano. Certainement, cela est préférable à l'oisiveté, mais il fallait ne pas écouter l'orgueil et faire un autre choix, saisir cette humble aiguille tant dédaignée, on l'aurait sûrement maniée avec plus de maëstria qu'un pinceau.

Et puis, il faut travailler utilement. Mieux vaut, sans doute, s'adonner à des occupations puériles que de se croiser les bras, mais il est tout aussi facile de choisir des travaux profitables à soi, aux siens, à l'humanité dans un sens quelconque.

Le travail a d'immenses vertus. Il nous maintient en santé parce qu'il équilibre nos facultés, il nous empêche de penser trop à nous-mêmes, de nous replier, de nous atrophier. Il faut nous soumettre avec joie à la loi divine qui l'impose.

Les distractions nécessaires.

L'ennui peut naître aussi de l'absence complète de distractions, chez les jeunes filles et les jeunes femmes surtout. Les maris pour celles-ci, les mères pour les autres, doivent veiller à ce que la privation des plaisirs ne soit pas entière.

Souvent il faut peu de chose pour égayer les jeunes esprits.

Il est des plaisirs peu coûteux, qui n'empiètent pas sur les devoirs, pourquoi les interdire ? C'est fausser la vie par une austérité inutile et dont les mauvais effets ne tardent pas à se faire sentir.

Par contre, il est nécessaire de faire remarquer, apprécier aux personnes jeunes les petites choses agréables, les courts moments de douceur, les légers bonheurs qui embellissent presque toujours les vies les plus unies et les moins colorées.. Il est important qu'on ne se croie pas victime, sacrifié, malheureux, c'est une fâcheuse disposition d'esprit à plus d'un égard.

Ouvrons donc les yeux de ces enfants aux faibles rayons de joie qui luisent pour elles, qui luisent pour les êtres les plus déshérités, en apparence. Mais sachons bien qu'il ne faut pas plus les vouer exclusivement au travail et au sérieux de la vie qu'aux plaisirs.

Pour tout le monde, du reste, un moment de répit, où l'on puisse se récréer un peu est indispensable chaque jour. Et chaque année, il serait nécessaire de quitter un peu son collier, de s'accorder quelques vacances, fussent-elles courtes.

Le repos, la récréation journalière plutôt, devrait pouvoir se prendre en plein air, surtout pour celui qui vit au milieu d'une cité populeuse, ou qui se livre à un travail de tête ardu, ou encore qui est enfiévré par la lutte quotidienne pour l'existence... cette lutte impie à laquelle l'humanité s'est condamnée, comme s'il n'y avait pas place pour tous sur la planète... si on voulait; comme si la terre n'était pas capable de fournir des épis pour tous, si on les lui demandait. Lutte impie, née du débordement des ambitions et de la perte de la simplicité primitive.

On se trouve bien encore, pour oublier quelques minutes, chaque jour, les fatigues et les âpretés de la vie, ou pour se délasser d'occupations, parfois peu aimées, de poursuivre une étude attachante, agréable, telle celle des sciences naturelles. Toutefois, on doit se garder de s'en faire un fardeau de plus.

On voit encore des gens qui, fort sagement, pour détourner un instant leur pensée des choses qui les passionnent ou leur pèsent, se mettent à composer des collections intéressantes, encore qu'elles soient peu coûteuses. Ils trouvent cette distraction d'autant plus salutaire qu'elle est éminemment dérivative. Mais dans les grands centres, on demande trop la détente conseillée à des plaisirs qui, tels que le théâtre, la musique, le jeu, etc., impressionnent l'être trop vivement et font vibrer ses nerfs trop fort. Ces distractions sont à l'encontre de ce que le bons sens réclame, le repos dans la récréation.

Les plaisirs mondains ne produisent pas de meilleurs effets, au contraire; ils ont encore de pires résultats. Ce n'est donc qu'à des intervalles éloignés qu'il conviendrait de s'accorder des diversions de ce genre.

TABLE DES MATIÈRES

La culture de la beauté 1

PREMIÈRE PARTIE
POUR PLAIRE

LA PERSONNE PHYSIQUE. 3
LA SANTÉ :
— Le prix de la santé 6
— L'art de souffrir. 8
— L'air pur. 11
— Les ablutions et la propreté 12
— Le sommeil. 14
— La gourmandise. 17
— Comment il faut se nourrir 21
— Le corset et les organes 20
— Le surmenage 30
— Patience et régularité 35
— Les maladies nerveuses 37
— Ce que révèle la transpiration 41
— Quelques petits remèdes. 44

LA GRACE DU CORPS :
— Écoles de beauté 47
— Grâce et dignité françaises. 49
— Le maintien 50

LA GRACE DU CORPS (*Suite*) :

— Les mouvements 54
— Les mains 59
— L'art de saluer. 62
— La démarche. 65
— La manière de s'asseoir 67
— Façons de grande dame 69

LA BEAUTÉ DE LA FORME :

— Réforme de la structure. 72
— Dos rond. 74
— Développement de la poitrine 76
— Structure du visage et des mains. 78

LES EXERCICES DU CORPS ET LES SPORTS :

— La marche. 81
— La gymnastique et les travaux du ménage. 83
— Exercices et jeux féminins. 87
— Sportswomen. 90
— La femme qui chasse 93
— Le cyclisme. 99
— La femme qui fume. 10

L'ART DE S'HABILLER :

— La science de la toilette 105
— Des pieds à la tête 106
— Une mode pour chacune et non pour toutes. 112
— Toilettes-portraits. 117
— Choix réfléchi des vêtements. 123
— Une tenue soignée 127
— La toilette et le monde 131
— Pour s'habiller avec grâce 133
— Le buste. 138
— Les couleurs 141
— Les bijoux 148
— Détails. 151

DEUXIÈME PARTIE

POUR ÊTRE AIMÉ

La personne morale 157

La grace morale :

— La grâce. 160
— Le caractère et la grâce 163
— La femme dans les affaires. 166
— La maîtresse-femme. 169
— La femme qu'on aime. 173
— La bienveillance 179
— L'aveu d'un tort, d'une erreur 183
— L'originalité 185
— La pose 188
— La prétention. 192
— Afféterie et affectation. 196
— Le naturel et la simplicité 202
— La timidité. 207

La parole :

— Une science perdue 210
— L'art de la conversation. 213
— Pour se former seul au talent de la conversation 218
— La correction du langage 220
— Expressions démodées. — Expressions créées 223
— Les détails superflus dans le récit. 226
— Les inélégances de la conversation 228
— Cours de conversation. 232
— La femme dans la conversation. 235

LA PAROLE (*Suite*) :

— Un des talents de la conversation. 242
— Auditoire sympathique. 247
— La gaieté dans la conversation. 250
— Le ton gouailleur. 254
— La bonté et la prudence dans la conversation 258
— Le tact dans la conversation. 262
— La grâce dans la conversation 265
— Franchise brutale. 270
— La contradiction 272
— La beauté de la voix. 274

LES RELATIONS :

— Trop nombreuses connaissances 277
— Le choix dans les relations. 280
— Les habitudes vulgaires 286
— L'égoïsme 290
— Culture de l'amitié 294
— Le bonheur insolent 297
— Les fâcheux. 300
— Les ennuyeux. 302
— Politesse égalitaire 304
— Relations fugitives 306
— La discrétion 310
— Le dénigrement. 313
— Les cancans. 319
— La calomnie 321
— Le rire. 325
— Le ridicule et la moquerie. 329

L'ÂGE MÛR :

— L'âge mûr. 335
— La femme mariée. 338
— La femme célibataire 341

La laideur. Le portrait :
- — Les laides 345
- — Le portrait. 348

Travail et délassement :
- — Le travail 352
- — Les distractions nécessaires 355

ÉVREUX, IMPRIMERIE DE CHARLES HÉRISSEY

www.ingramcontent.com/pod-product-compliance
Lightning Source LLC
Chambersburg PA
CBHW050533170426
43201CB00011B/1406